Un mondo migliore.

Viaggio nel mondo della finanza sostenibile.

Maurizio Guasconi

A Yari e Mirko

In un mondo malato non possono esserci esseri umani sani.
Papa Francesco

"Persino un'intera società, una nazione, o tutte le società esistenti prese assieme, non sono proprietarie della Terra. Ne sono semplicemente le beneficiarie, e devono lasciarla in uno stato migliore alle generazioni successive"
Carlo Marx

La povertà non è naturale, è creata dall'uomo e può essere sradicata dalle azioni degli esseri umani. Superare la povertà non è un gesto di carità, è un atto di giustizia.
Nelson Mandela.

"La speranza siamo noi quando non chiudiamo gli occhi davanti a chi ha bisogno, quando non alziamo muri ai nostri confini, quando combattiamo ogni forma di ingiustizia. Auguri a noi, alla nostra speranza".
David Sassoli

Capitolo 1 Una lunga storia.

Nella primavera del 1972 avevo nove anni e i miei genitori si erano appena trasferiti a Colle di Val D'Elsa[1] dal sud della provincia. Abitavamo in via del Castello, nella parte alta del paese, la parte storica più antica e il secondo e terzo anno di scuola elementare, l'ho svolta presso l'istituto delle Ancelle, una scuola elementare gestita da suore. La nostra casa in affitto era vicino a piazza della Canonica, che era il punto di ritrovo di tutti i ragazzi del quartiere. Quando faceva bella stagione e non pioveva, le donne anziane si ritrovavano in alcuni punti della piazza con le loro seggiole di legno e con in mano i ferri per fare la calza. La chiesa di Santa Maria in Canonica ha origini antichissime, forse una delle prime chiese cristiane, ma la documentazione di cui disponiamo fa risalire il manufatto al XII secolo, esattamente il 27 novembre 1183 quando viene confermata da papa Lucio III a Mauro abate dell'Abbazia di Spugna. Negli anni in cui ero bambino venivano celebrati i riti cristiani classici, ma sembra che nel corso di tutti gli anni, dalla sua costruzione e fino ai nostri giorni, siano avvenuti importanti eventi. Il noto Arnolfo di Cambio, nato nella vicina torre intorno al 1245, sarebbe stato un parrocchiano fedele e nel 1232 Gottifredo de' Prefetti, cappellano anch'egli, vi lesse la sentenza di scomunica contro i fiorentini nei numerosi conflitti tra Siena e Firenze che si svolgevano in quel periodo. Per noi comunque la chiesa era solo un ritrovo, ci sedevamo all'ombra dei suoi spessi muri sugli enormi scalini e quando qualcuno portava un pallone di plastica eravamo subito pronti per una partitella tra amici. Il luogo preferito era un vicolo stretto, vicolo della Misericordia, dove non transitavano le poche macchine in circolazione a quei tempi e che divideva le case di via del Castello dai campi e dagli orti attraverso un muro alto un paio di metri, alle cui estremità erano stati messi "*cocci aguzzi di bottiglia*", come nella poesia di Montale. E i guai arrivavano quando per nostra sfortuna qualcuno calciava male e il pallone finiva oltre quel muro. Nessuno era disposto a scavalcarlo (travalcare come si dice in alcune zone) e nessuno aveva il

---

[1] Città in provincia di Siena

coraggio di chiedere ai padroni degli orti la restituzione del pallone. A quel punto la partita si concludeva senza il fischio finale dell'arbitro, con il risultato raggiunto e si doveva aspettare un nuovo pallone.

Nello stesso anno il 12 marzo 1972, nella sede della Smithsonian Istitution di Washington, venne presentato al pubblico il primo rapporto al Club di Roma con il titolo "*The Limits to Growth*" (I limiti dello sviluppo). Il primo rapporto era stato portato a termine da un gruppo di scienziati e professori del Mit (Massachusetts Institute of Technology), sotto la direzione di Dennis Meadows ed il coordinamento di Donella Meadows, Jay Forrester, Horgen Randers e fu un grande successo. Lo studio venne pubblicato in molti paesi e tradotto in più lingue, ebbe un forte impatto tra l'opinione pubblica e suscitò numerosi dibattiti con pareri contrastanti. Si trattava di uno studio sui limiti della nostra crescita economica che giungeva a conclusioni malthusiane abbastanza scontate, ovvero tradotto per i non addetti ai lavori: o cambiamo modo di produrre e di consumare arrivando ad una crescita economia e demografica sostenibile, o una volta toccato "il punto di non ritorno" la crescita della popolazione (demografica) si sarebbe adeguata (ridotta) per mancanza di risorse naturali. Malthus docet. La ricerca prese in esame cinque parametri principali: popolazione, sfruttamento delle risorse naturali, industrializzazione, produzione di alimenti e inquinamento. Attraverso delle simulazioni di sistema si elaboravano graficamente il loro andamento nel tempo tenendo conto delle numerose relazioni esistenti tra i vari paesi (globalizzazione) e la crescita esponenziale dei suddetti parametri, corretti solamente da alcuni *feedbacks* negativi che attenuano la crescita esponenziale. Prendiamo per esempio le innovazioni tecnologiche in atto che aumentano in maniera esponenziale la produttività industriale. La diminuzione dei costi produttivi e quindi dei beni finali al consumatore attenua l'impatto negativo che si ha sull'occupazione del capitale umano. Oppure nel caso della crescita demografica abbiamo un feedback positivo rappresentato dalle nascite ed un feedback negativo rappresentato dalle morti, e nello studio presentato nel 1972 si parlava non di crescita esponenziale, ma di crescita iper esponenziale. Ho scoperto alcuni anni dopo che in quel periodo i nati (i cosiddetti

6

"boomers") erano molti di più dei deceduti e alcuni titoli che raccontavano la crisi demografica, descrivevano bene il lato catastrofico del problema. Nel 1968 il professore della Stanford University, Paul R. Ehrlich, pubblica un libro dal titolo emblematico: *"The Popolation Bomb"*, la bomba demografica che avrebbe sconvolto le sorti del pianeta. E pensare che nel 1968 la popolazione mondiale era solamente di 3,5 miliardi!

Mondo ▾

1968   Popolazione: 3,551,599,435

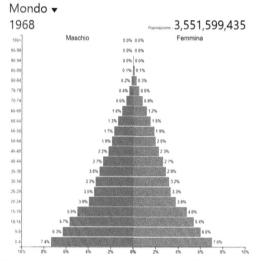

Figura 1 Piramide demografica anno 1968

Ovviamente poi basta una pandemia o altri eventi simili per rimettere in discussione ogni simulazione o per variare i vari feedback positivi e negativi.

Nel primo rapporto del Club di Roma alcuni tassi di crescita esponenziali cozzavano con la finitezza delle risorse naturali e sulla loro non rinnovabilità. Se alcuni limiti verranno superati oltre un determinato punto di non ritorno, allora il collasso ecologico sarà inevitabile. E qui si arriva alle conclusioni malthusiane in cui il livello di sviluppo, superato un certo limite, si sarebbe ridimensionato automaticamente abbassando la crescita della popolazione a causa di scarse risorse naturali. Detto in parole semplici: meno risorse, meno crescita demografica corretta da un potente feedback negativo (decessi maggiori).

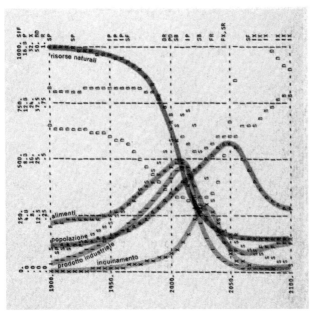

Figura 2 I limiti dello sviluppo

La linea rossa che rappresenta le risorse naturali incontra nei primi anni 2000 la curva degli alimenti e del prodotto industriale determinando una forte inversione nella crescita di quest'ultimi. A seguire l'inversione di tendenza della linea verde dell'inquinamento e quella viola della popolazione. Lo abbiamo assistito anche nella primavera scorsa quando a causa della pandemia la chiusura forzata (lockdown) delle attività produttive hanno avuto come conseguenza una forte diminuzione della produzione industriale e dell'inquinamento. Lo studio arriva ad ipotizzare che in assenza di correzioni l'umanità sarà destinata a raggiungere i limiti naturali dello sviluppo, con un inevitabile declino della produzione industriale e della popolazione. Alle stesse conclusioni deduttive era arrivato due secoli prima Malthus che aveva osservato come il tasso di crescita demografico e quello agricolo non fossero uguali, il primo esponenziale e il secondo lineare. Le crisi alimentari sarebbero state frequenti e avrebbero ridimensionato la crescita demografica. Il grafico di cui alla figura n. 2 veniva messo a confronto con altri tracciati elaborati sulla base di undici ipotesi alternative che poi erano le variabili prese in considerazione: la disponibilità illimitata di energia dovuta allo sviluppo di centrali nucleari, la riduzione dell'inquinamento, il controllo sulle nascite o tecniche di lavorazione della terra che avrebbero aumentato il rendimento delle terre coltivate e quindi dei raccolti. Nei nuovi tracciati quello che succede, considerando le variabili di cui sopra, è solamente uno slittamento in avanti di qualche decina di anni del collasso ecologico e sociale. Per quanto concerne l'energia prodotta dal nucleare, l'Italia è stato uno dei paesi che tra gli anni '60 e '90 del secolo scorso era all'avanguardia sia nella produzione che nella sicurezza delle centrali. Nel 1987 furono promossi tre referendum, sull'onda emotiva di quanto successo l'anno prima a Chernobyl, che non vietavano la produzione di energia nucleare, ma solamente alcuni suoi aspetti, come la possibilità per i comuni di ospitare una nuova centrale nucleare sul proprio territorio, il divieto di incentivi da parte dello Stato a quei comuni che invece accettavano la localizzazione e il divieto per Enel di partecipare alla costruzione di centrali nucleari all'estero. I tre referendum videro un'intensa partecipazione e la vittoria fu schiacciante con oltre l'80% dei consensi all'abrogazione dei tre quesiti referendari. Questo non impedì all'Italia di produrre energia da centrali nucleari e di promuovere ulteriori iniziative nei primi anni del XXI secolo in favore di questo tipo di energia. Tuttavia, a seguito di un altro incidente avvenuto nel 2011 a Fukushima, il consenso politico e popolare mutò profondamente e si decise opportunamente di chiudere e riconvertire tutte le centrali nucleari presenti nel nostro paese. Ma ritorniamo al nostro rapporto del Club di Roma.

Il rapporto si concludeva con la ferma raccomandazione che fosse necessario intervenire nello stabilizzare tutte quelle variabili a crescita esponenziale senza ritardi, pena l'inefficacia delle azioni e il declino socio-economico. La stabilizzazione dei parametri a crescita esponenziale non voleva significare un congelamento delle attività umane, ma solamente un'attenzione a quella che negli anni successivi sarebbe stata chiamata crescita sostenibile o impronta ecologica sostenibile, dando maggiore enfasi a tutte quelle attività umane come arte, sport, letteratura che hanno un impatto nullo sugli equilibri ecologici. La conclusione del rapporto apparse subito molto generica e suscitò numerosi altri interrogativi. Dobbiamo smettere di crescere? E quali popoli e paesi debbono crescere e quali invece devono smettere di crescere? Esiste una decrescita felice? Si ignoravano ovviamente, o non si teneva conto delle differenze tra le varie aree geografiche e la complessità del mondo. Oggi si direbbe, parafrasando un noto presidente del consiglio, che esiste una *crescita buona* e una *crescita cattiva*, una crescita organica e una crescita indifferenziata e che la complessità del sistema ha di fatto globalizzato il problema. Una crescita cattiva e indifferenziata di una parte, non pregiudica solamente quella parte, ma mette in pericolo tutto il sistema. Inoltre bisognava sviluppare un piano di azione che avesse come obiettivo la riduzione del divario, che già allora era ampio, tra un Nord ricco e un Sud del mondo povero. Infine, in un successivo rapporto intitolato "Oltre l'età dello spreco", i ricercatori insistono sulla necessità di trovare nuove tecnologie, che verranno molti anni dopo, che contrastino i limiti dello sviluppo. La crisi petrolifera del 1973 confermava questi limiti e anche se per noi ragazzi il periodo dell'austerity veniva vissuto come un gioco in cui si poteva andare per le strade in bicicletta senza il pericolo delle auto, si diffuse il senso della finitezza, il nostro limite. Le risorse naturali esauribili combaciavano con un'altra consapevolezza da sempre avvertita dall'uomo: la finitezza umana. A quel tempo, io adolescente, l'unica finitezza che comprendevo erano i pochi spiccioli che avevo nelle tasche, e anche di quella mi dimenticavo in fretta quando mia madre mi dava cinquanta lire per andare al bar di piazza della Canonica a comprare un gustoso cremino[2].

Fino al 1980 al Club di Roma vennero commissionati altri rapporti, però forse quello che propose alcune novità rispetto al

---

[2] Gelato con lo stecco di legno alla crema ricoperto di uno strato di cioccolato.

passato è stato il quinto rapporto dal titolo "Obiettivi per l'umanità". Dopo lo shock dei precedenti rapporti che serviva a risvegliare le coscienze, era necessario proporre un piano di azione, degli obiettivi che andassero oltre i limiti dello sviluppo, caratterizzati anche da principi etici. Scrive Aurelio Peccei, uno dei fondatori del Club di Roma: "*è giunto il momento di passare dalla fase del puro shock, indispensabile per svegliare la gente dai pericoli che tutti stiamo correndo, ad una nuova fase di visione positiva dell'evoluzione umana e di quello che essa può permettere di realizzare nel futuro prevedibile[3].*" Gli obiettivi individuati dal rapporto sono comuni ad aree vicine dal punto di vita culturale e politico, e tendono ad abbandonare iniziative miopi o di breve respiro per abbracciare obiettivi globali e di lungo termine. Ancora una volta il rapporto appare molto generico, anche se ha il pregio di smascherare quella politica liberista sostenuta da alcuni paesi ricchi in cui si sostiene che "una mano invisibile" avrebbe distribuito anche ai paesi poveri gli avanzi di ricchezza e i vantaggi dei paesi ricchi. La critica all'economia di mercato appare evidente: occorre cambiare rotta e abbandonare la fede nella crescita indifferenziata di pochi a scapito di molti. Oggi sappiamo a che punto ci siamo spinti! Riguardo al divario tra Nord e Sud del mondo due autori del secondo rapporto del Club di Roma, Mesarovic e Pestel, scrivono: *"E' un fatto ben noto che nelle regioni del mondo sviluppato e industrializzato i consumi materiali hanno raggiunto le proporzioni di uno sperpero assurdo. In tali regioni oggi è necessaria una diminuzione relativa nell'uso di diverse materie prime. Invece in altre regioni del mondo meno sviluppate deve verificarsi una sostanziale crescita nell'uso di certi beni essenziali, per la produzione alimentare o per la produzione industriale. In queste regioni la stessa sopravvivenza della popolazione dipende da tali crescite. Quindi le argomentazioni generiche a favore o contro la crescita sono ingenue: crescere o non crescere costituisce una questione né ben definita, né*

---

[3] "La qualità umana" Aurelio Peccei.

pertinente quando la si pone senza aver definito in precedenza il luogo, il senso, il soggetto della crescita e lo stesso processo di crescita esaminato in sé stesso".[4]

Il primo rapporto del Club di Roma ebbe un successo planetario, tradotto in numerose lingue e riportò milioni di copie vendute. Nonostante le numerose critiche ricevute per delle previsioni che il rapporto stesso riteneva che si realizzassero tra il 2010 e il 2050, rimane sicuramente un testo da prendere in considerazione e ha il pregio di aver invocato da oltre 50 anni la necessità di una rivoluzione sostenibile e di lungo periodo.

Nel 1992, anno importante perché ci fu un grande summit della Terra organizzato dall'ONU a Rio de Janeiro, gli autori del rapporto originale del Mit, Jorgen Randers, Donella e Dennis Meadows pubblicarono, a distanza di venti anni, un altro rapporto dal titolo "Oltre i limiti dello sviluppo", dove riprendono e aggiornano le conclusioni del primo rapporto. I tre punti sostanziali che furono aggiornati riguardano l'impiego di risorse naturali e la produzione di pesticidi e altro materiale inquinante che hanno già superato i limiti sostenibili e questo comporterà nei prossimi decenni un declino delle principali attività produttive. Questo declino può essere evitato se vengono modificate le politiche demografiche e industriali e in particolare se si agisce per diminuire la crescita della popolazione e il consumo materiale. Inoltre occorre agire nell'efficientamento del consumo energetico. Infine costruire una società sostenibile è ancora possibile se diamo maggiore peso alla qualità della vita e non alla quantità di prodotto. Insomma, si ritiene necessaria una società più matura e più saggia. Nel 2004 gli stessi autori del primo rapporto del Club di Roma pubblicano una nuova rivisitazione dei limiti della crescita, dichiarandosi ancora più pessimisti di trent'anni prima: *"Il risultato che oggi siamo più pessimisti sul futuro globale di quanto non fossimo nel 1972. È amaro osservare che l'umanità ha sperperato questi ultimi trent'anni in futili*

---

[4] "Mankid at the turning point" Mihajlo Mesarovic e Eduard Pestel

dibattiti e risposte volenterose, ma fiacche alla sfida ecologica globale. Non possiamo bloccarci per altri trent'anni. Dobbiamo cambiare molte cose se non vogliamo che nel XXI secolo il superamento dei limiti oggi in atto sfoci nel collasso". Gli stessi autori del primo rapporto proseguono nell'indicare alcune possibili soluzioni per impedire di raggiungere quei limiti, oltrepassati i quali, non si può tornare indietro. Diventa ancora oggi inconcepibile come il mantra della crescita economica indifferenziata, senza nessun limite, sia ancora dominante nelle scelte economiche e politiche di molti governi. Non a caso già dal 1987 con il rapporto Brundtland, chiamato anche "Our Common Future" (il nostro futuro comune), si era stabilito il concetto stesso di sostenibilità con una definizione che è tutt'ora valida: "lo sviluppo sostenibile è quello che consente di soddisfare i bisogni della generazione presente, senza compromettere la possibilità delle generazioni future di soddisfare i propri".[5]

Nella presentazione del rapporto da parte del presidente norvegese Gro Harlem Brundtland si fa particolare riferimento all'esigenza di una maggiore cooperazione mondiale, come quella cui abbiamo assistito dopo la fine della seconda guerra mondiale, caratterizzata da uno spirito collaborativo tra paesi sviluppati e paesi in via di sviluppo. Inoltre l'obiettivo del rapporto è quello di sensibilizzare maggiormente i vari paesi alle tematiche ambientali e creare un piano d'azione ambizioso e di lungo termine per la comunità mondiale. Nelle prime pagine del rapporto si leggono anche gli enormi passi in avanti fatti dall'umanità a cominciare da una aspettativa di vita più lunga, ad una ridotta mortalità infantile, una migliore alfabetizzazione delle persone e una maggiore scolarizzazione tra i bambini. Un maggior sfruttamento dei terreni agricoli e nuove macchine ha permesso di avere una produzione agricola in grado di soddisfare soltanto una parte della popolazione, la cui crescita continua ad essere preoccupante. Tuttavia, a fronte di questi successi, si riscontrano anche numerosi disastri

---

[5] Commissione Mondiale sull'Ambiente e lo Sviluppo Our Common Future 1987.

ambientali e si mette nero su bianco l'impatto che il genere umano ha complessivamente sul pianeta (impronta ecologica), ammettendo che una crescita economica che non tenga conto dell'impatto ambientale non è più tollerabile. D'altra parte lo scoppio del reattore nucleare di Chernobyl, con tutte le conseguenze sul piano ambientale e umano, era una notizia ancora recente. Non solo, nel rapporto si ricorda che i cambiamenti climatici hanno portato a rendere aridi molti terreni in Africa, mettendo a rischio 36 milioni di abitanti e uccidendone circa un milione. Per citare altri esempi di impatti sociali e ambientali si può citare, l'esplosione di alcuni serbatoi di gas liquido a Città del Messico che aveva ucciso circa mille individui, o ancora lo sversamento di sostanze tossiche nei fiumi e nei mari che avvelenano intere aree con conseguenze distruttive per il pianeta e per l'uomo. Nella definizione stessa di sviluppo sostenibile si tiene ovviamente conto della disuguaglianza esistente tra i diversi paesi, quelli occidentali ricchi e sviluppati che devono ovviamente porsi dei limiti importanti nello sfruttamento delle risorse naturali, e quei paesi in via di sviluppo in cui è necessario riprogrammare il modo di produrre al fine di ottenere una vita migliore e un benessere diffuso. Molti paesi poveri però hanno il terreno molto ricco di risorse naturali, come gas e petrolio, e l'estrazione di tali risorse di cui il mondo occidentale ha estremo bisogno, contribuisce ad un impatto negativo dal punto ambientale, ma anche ad un impatto negativo dal punto di vista sociale, andando ad arricchire solamente una ristretta minoranza di persone che spesso in regimi non del tutto democratici, anzi spesso dittatoriali, governano quei paesi in via di sviluppo.

Si riconosce nell'intero rapporto che il cambiamento verso uno sviluppo sostenibile non sarà facile e semplice e che debba basarsi soprattutto su scelte politiche consapevoli e dolorose.

Arriviamo così a giugno del 1992 dove a Rio de Janeiro si apre la conferenza Onu su ambiente e sviluppo a cui parteciparono le delegazioni di 183 paesi, molte Ong e circa 17.000 persone. La Conferenza di Rio adottò al termine dei suoi lavori una

Dichiarazione costituita da 27 principi non vincolanti su ambiente e sviluppo, l'agenda 21, ovvero un programma di azione che indica gli obiettivi di sviluppo sostenibile e come fare per raggiungerli. Nella dichiarazione di Rio mi hanno colpito alcuni principi chiave:

- Principio 1

Gli esseri umani sono al centro delle problematiche dello sviluppo sostenibile. Essi hanno diritto a una vita sana e produttiva in armonia con la natura.
Con il primo principio di questa Dichiarazione si vuole affermare la centralità dell'essere umano come maggiore artefice dei cambiamenti climatici e della maggior impronta ecologica (era antropocene), ma anche come destinatario dei benefici dei cambiamenti necessari per uno sviluppo sostenibile e in armonia con la natura.

- Principio 3

Il diritto allo sviluppo deve essere attuato in modo da soddisfare equamente i bisogni di sviluppo e quelli ambientali della generazione presente e di quelle future.
In questo caso si riprende il concetto di sostenibilità riportato nel rapporto Brundtland del 1987.

- Principio 5

Tutti gli Stati e le persone collaboreranno al compito fondamentale di sradicamento della povertà come requisito indispensabile per lo sviluppo sostenibile, al fine di ridurre le disparità dei livelli di vita e soddisfare meglio i bisogni della maggior parte della popolazione mondiale.

- Principio 6

Una speciale priorità deve essere accordata alle condizioni e ai bisogni particolari dei Paesi in via di sviluppo, soprattutto di quelli meno sviluppati e più vulnerabili sotto l'aspetto dell'ambiente. Gli interventi internazionali nel campo dell'ambiente e dello sviluppo devono essere rivolti anche agli interessi e ai bisogni di tutti i Paesi.

Con questi due principi si vuole affermare che lo sviluppo sostenibile deve portare beneficio alla maggior parte della popolazione, con una particolare attenzione ai paesi più poveri e più fragili. Si afferma così un principio importante, che riconosce nel degrado ambientale un impoverimento sociale della popolazione. Dove esiste un ambiente degradato, dove servizi di base e acqua potabile non sono beni accessibili è molto probabile che ci sia un degrado sociale molto forte e una povertà diffusa. Inoltre in questo e in altri principi si raccomanda una adeguata partecipazione civile alle decisioni politiche e un regime democratico e aperto.

- Principio 18

Ogni Stato deve immediatamente comunicare agli altri qualsiasi disastro naturale o altre emergenze che potrebbero produrre improvvisi effetti nocivi sull'ambiente. La comunità internazionale farà, tutti gli sforzi per aiutare gli Stati colpiti da tali emergenze.

Il ricordo di Chernobyl è ancora fresco, ma viene ribadito un concetto importante per cui il pianeta Terra è visto come un unico essere vivente. Se una parte di esso è "malata" o se un disastro ambientale si verifica in una sua parte, tutti gli Stati sono tenuti a prenderne atto e a collaborare per giungere ad una soluzione.

- Principio 20

Le donne hanno un ruolo fondamentale nella gestione e nello sviluppo ambientale. La loro piena partecipazione è pertanto essenziale per la realizzazione dello sviluppo sostenibile.

Un bellissimo principio rimasto però ancora sulla carta, purtroppo. Ci sono ancora oggi numerose disuguaglianze di genere sia nei cosiddetti paesi sviluppati che nei paesi in via di sviluppo, che si traducono in poca partecipazione civile e in differenze economiche ai vari livelli. Oggi troviamo due donne ai vertici di istituzioni europee: Christine Lagarde ai vertici della Banca Centrale Europea e Ursula Von Der Leyen, presidente della Commissione Europea. Speriamo che sia l'inizio di una lunga serie, anche se alcuni episodi successi di recente (visita del presidente Von Der Leyen e del commissario francese Charles Michel alla sede del governo turco) non sono un bell'esempio.[6]

- Principio 22

Le genti indigene e le altre comunità locali hanno un ruolo fondamentale nella gestione e nello sviluppo ambientale grazie alla loro conoscenza e alle usanze tradizionali. Gli Stati devono riconoscere e debitamente sostenere la loro identità, cultura e interessi e consentire la loro efficace partecipazione per il raggiungimento dello sviluppo sostenibile.

Si riconosce un principio fondamentale per le popolazioni indigene e per le minoranze nella partecipazione per il raggiungimento degli obiettivi di sviluppo sostenibile. Questo sano principio sembra del tutto disatteso in molti paesi, compreso il Brasile il cui presidente di estrema destra Bolsonaro, poco dopo l'inizio del suo mandato, si è reso responsabile degli attacchi inflitti alle minoranze etniche e degli incendi che devastano il grande Rio delle Amazzoni. Solo nell'anno 2020 gli incendi hanno devastato circa 8500 kmq di foreste e nell'anno precedente se ne erano andati in fumo altri 9178 kmq.[7]

Severn Cullis Suzuki, figlia di una scrittrice canadese e del genetista David Suzuki, ha solamente 12 anni quando nel 1992 raccoglie soldi sufficienti per partecipare al summit della Terra a Rio de Janeiro. Alcuni anni prima, all'età di 9 anni aveva già fondato l'Enviromental Children's Organization (ECO),

---

[6] Durante l'incontro del 7 aprile 2021 in Turchia alla Presidente della Commissione europea non è stata offerta una sedia, costringendola a sedersi su un divano in disparte.
[7] Articolo "La Repubblica" del 11 gennaio 2021.

un'organizzazione che aveva il compito di sensibilizzare i propri coetanei alle problematiche ambientali. Sul palco della Conferenza di Rio tiene un discorso appassionato che "zittisce" i grandi della Terra, perché parla in maniera del tutto innovativa, adducendo le numerose responsabilità dell'uomo e dei grandi nei confronti dell'ambiente, degli animali e dei bambini. Qui di seguito potete trovare il suo discorso e su Youtube potete vedere l'intervento in lingua originale: https://www.youtube.com/watch?v=oJJGuIZVfLM.

"Salve, sono Severn Suzuki e parlo a nome di ECO, l'Organizzazione dei Bambini per l'Ambiente. Siamo un gruppo di ragazzi di 12 e 13 anni che cerca di fare la differenza; Vanessa Suttie, Morgan Geisler, Michelle Quaigg e la sottoscritta. Abbiamo raccolto tutti i soldi per venire in questo posto lontano 5000 miglia, per dire alle Nazioni Unite che dovete cambiare il vostro modo di agire.

Venendo a parlare qui oggi non ho un'agenda nascosta, sto solo lottando per il mio futuro. Perdere il mio futuro non è come perdere un'elezione o qualche punto sul mercato azionario. Sono qui per parlare a nome di tutte le generazioni future. Sono qui per parlare a nome dei bambini che stanno morendo di fame in tutto il Pianeta e le cui grida restano inascoltate. Sono qui per parlare a nome del numero infinito di animali che stanno morendo nel Pianeta, perché non hanno alcun posto dove andare.

Ho paura di andare fuori al sole ora, a causa dei buchi nell'ozono. Ho paura di respirare l'aria, perché non so quali sostanze chimiche contiene. Ero solita andare a pesca a Vancouver, la mia casa, con mio papà, fino a quando pochi anni fa abbiamo trovato un pesce ammalato di tumore. E ora sentiamo di animali e piante andare verso l'estinzione, ogni giorno, sparendo per sempre. Nella mia vita ho sognato di vedere grandi mandrie di animali selvatici, giungle e foreste pluviali piene di uccelli e farfalle, ma ora mi chiedo se i miei figli potranno mai vedere tutto ciò.

Vi siete mai preoccupati di queste cose quando avevate la mia età? Tutto questo sta accadendo sotto ai nostri occhi, e tuttavia agiamo come se avessimo a disposizione tutto il tempo che vogliamo e tutte le soluzioni.

Sono solo una bambina e non ho tutte le soluzioni, ma voglio che realizziate che non le avete nemmeno voi.

Voi non sapete come riparare i buchi nello strato di ozono.

Non sapete come riportare indietro i salmoni in un fiume inquinato.

Non sapete come far tornare una specie animale estinta. E non potete restituirci le foreste che una volta crescevano là dove ora c'è il deserto.

Se non sapete come sistemare tutto ciò, smettete di distruggerlo.

Qui potete essere presenti in qualità di delegati dei vostri governi, gente d'affari, amministratori di organizzazioni, giornalisti o politici, ma in verità siete madri e padri, fratelli e sorelle, zie e zii, e tutti voi siete anche figli di qualcuno.

Sono solo una bambina, tuttavia so che siamo parte di una famiglia che conta 5 miliardi di persone; per la verità, 30 milioni di specie. E nessun governo o confine potrà cambiare ciò.

Sono solo una bambina, tuttavia so che siamo tutti coinvolti in questo e dovremmo agire come un solo mondo verso un unico obiettivo.

La mia rabbia non mi acceca e la mia paura non mi fa temere di dire al mondo come mi sento.

Nel mio Paese produciamo così tanti rifiuti; compriamo e buttiamo, compriamo e buttiamo, compriamo e buttiamo e tuttavia i Paesi del nord non condividono con quelli che hanno bisogno. Anche quando abbiamo più del necessario, siamo spaventati dal condividere, siamo spaventati dal lasciare un po' della nostra ricchezza. In Canada viviamo una vita privilegiata, ricca di cibo, acqua e ripari. Abbiamo orologi, biciclette, computer e televisori e la lista potrebbe andare avanti per due giorni. Due giorni fa qui in Brasile siamo rimasti scioccati quando abbiamo passato un po' di tempo con alcuni bambini che vivono per strada. Questo è ciò che ci ha detto un bambino: "Vorrei essere ricco e se lo fossi darei a tutti i bambini di strada cibo, vestiti, medicine, una casa, amore e affetto". Se un bambino di strada che non ha niente è disposto a condividere, perché noi che abbiamo tutto siamo ancora così avidi? Non riesco a smettere di pensare che quei bambini hanno la mia stessa età, che il posto dove nasci fa un'enorme differenza, che io avrei potuto essere una di quelle bambine che abitano nelle favelas di Rio. Potrei essere una bambina che muore di fame in Somalia, o una vittima di guerra in Medio Oriente, o una mendicante in India.

Sono solo una bambina, tuttavia so che se tutti i soldi spesi in guerre fossero spesi per cercare risposte ambientali, fermare la povertà e siglare accordi, che posto magnifico sarebbe questa Terra!

A scuola, fin dall'asilo, ci insegnate come comportarci nel mondo. Ci insegnate a non litigare con gli altri, risolvere i problemi, rispettare gli altri, rimettere a posto il nostro casino, non ferire altre creature, condividere e non essere avari. Allora perché voi fate le cose che dite a noi di non fare?

Non dimenticate perché state partecipando a queste conferenze, per chi le state facendo. Noi siamo i vostri figli. Voi state decidendo in che tipo di mondo noi stiamo crescendo. I genitori dovrebbero poter consolare i propri figli dicendo che tutto andrà a posto, che non è la fine del mondo e che stanno facendo il meglio che possono. Ma non penso che voi lo possiate ancora dire. Siamo davvero nella vostra lista delle priorità?

Mio padre mi dice sempre: "Sei quello che fai, non quello che dici". Bene, quello che voi state facendo mi fa piangere la notte. Continuate a dire che ci amate. Ma vi sfido, per favore, a fare in modo che le vostre azioni riflettano le vostre parole. Grazie."

Ventisei anni prima di Greta Thumberg quindi, un'altra bambina riesce già a gridare e a far sentire la propria voce per denunciare un vero e proprio furto: quello del futuro dell'esistenza umana, del pianeta e di tutti gli esseri viventi! Oggi Severn Suzuki è una donna adulta e una conduttrice tv, ma continua a condurre le sue battaglie di sensibilizzazione sulle tematiche ambientali. Recentemente intervistata su Greta Thumberg, ha avuto parole di solidarietà e di coraggio verso il nuovo simbolo della lotta contro i cambiamenti climatici ed-ha detto di essere molto contenta che attraverso di lei si possa coinvolgere e sensibilizzare più giovani possibili.

Cinque anni più tardi del summit a Rio de Janeiro, nella cittadina giapponese di Kioto e precisamente l'11 dicembre 1997, viene sottoscritto nell'ambito della Conferenza delle Parti (COP3) un trattato internazionale ad adesione volontaria per contrastare i cambiamenti climatici attraverso una riduzione in misura non inferiore all'8,65% delle emissioni inquinanti (biossido di carbonio e altri gas serra) rispetto alle emissioni registrate nell'anno 1990. Tuttavia per entrare in vigore, il protocollo ha bisogno che sia ratificato da almeno 55 paesi firmatari e che gli stessi rappresentino il 55% delle proprie emissioni inquinanti. Questa ultima condizione è stata raggiunta solamente a novembre 2004 con la ratifica da parte della Russia e quindi il protocollo è entrato in vigore solamente il 16 febbraio 2005, con un ritardo di 8 anni.

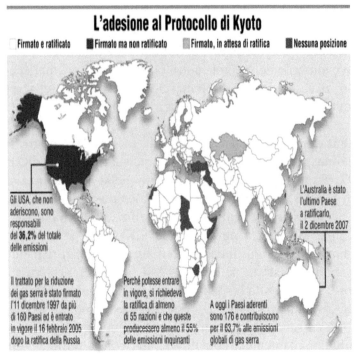

Figura 3 Adesione al Protocollo di Kioto.

Nell'ambito del protocollo di Kyoto che ha cessato la sua validità al 31 dicembre 2012, l'Italia aveva concordato una riduzione di gas climalteranti del 6,5% rispetto alle emissioni del 1990. Già nel 2009 molti paesi dell'Unione europea avevano raggiunto gli obiettivi del protocollo: questo a dimostrazione del fatto che se ci poniamo degli obiettivi, anche ambiziosi, possiamo poi raggiungerli per il bene di tutto il pianeta e che possiamo investire facilmente in una economia a basse emissioni di carbonio. Secondo il rapporto ISPRA 2014, l'Italia è riuscita ad abbattere le emissioni nazionali di CO_2, nel periodo di riferimento 2008-2012 dell'11,4%. Tuttavia la media delle riduzioni delle emissioni di gas serra nel mondo sono risultate del -4,6% contro un impegno del -6,5%.

Il Protocollo di Kyoto rimane comunque positivo, in quanto riconosce come responsabili del riscaldamento globale del pianeta alcuni gas ad effetto serra come il biossido di carbonio, il metano, il protossido di azoto, gli idrofluorocarburi, i perfluorocarburi e l'esafluoro di zolfo. I settori economici più interessati dall'utilizzo di tali gas climalteranti sono ovviamente l'industria, lo smaltimento dei rifiuti e l'agricoltura. I paesi aderenti al protocollo si impegnano a monitorare le emissioni di tali gas ma, cosa ancora più importante, si impegnano a tutelare le foreste e le aree boschive che assorbono anidride carbonica e quindi contribuiscono al raffreddamento del pianeta.

Il nuovo secolo si apre con la Dichiarazione del Millennio, la quale stabilisce 8 obiettivi di sostenibilità da realizzare entro il 2015. L'analisi che porta alla nascita di tale dichiarazione è quella delle condizioni di povertà in cui vivono intere popolazioni che per vari motivi (guerre, ma anche carestie e cambiamenti climatici) sono privati dei fondamentali diritti umani. Ogni cittadino di questo pianeta deve essere responsabile del proprio tenore di vita e affermare i principi della dignità umana e dell'uguaglianza tra i popoli. La globalizzazione è un processo irreversibile e quindi occorre che tutti gli Stati adottino delle politiche per sfruttare gli elementi positivi di tale globalizzazione, riconoscendo la sovranità di tutti gli stati per costruire un futuro comune di pace, pur ammettendo le varie diversità culturali. I valori a cui le varie politiche degli Stati si devono adeguare sono:

- Uguaglianza. La parità di genere deve essere garantita. Inoltre ad ogni stato deve essere garantito l'accesso ad uno sviluppo sostenibile.
- Solidarietà. I paesi che stanno soffrendo devono essere aiutati ad uscire dalla loro situazione e le sfide globali dovranno distribuire costi e pesi in conformità con i principi fondamentali della giustizia sociale.
- Libertà. Si afferma il principio che per vivere con dignità occorre essere liberi dalla fame, dalle guerre e dall'ingiustizia.
- Tolleranza. Gli Stati devono promuovere una cultura della pace tra i popoli e di dialogo. Inoltre le minoranze etniche,

le differenze religiose, di opinione e di cultura devono essere valorizzate senza essere represse.

- Rispetto per la natura. Gli Stati devono perseguire la conservazione delle varietà di specie nel rispetto di tutte le risorse naturali e di tutti gli esseri viventi. Inoltre devono modificare gli attuali modelli di consumo e produzione nell'interesse delle nuove generazioni, attuando i principi dello sviluppo sostenibile.

- Responsabilità condivisa. Occorre che tutti gli Stati siano responsabili di una economia sostenibile e siano attivi nei confronti di tutte le minacce alla pace e alla sicurezza mondiale. Le Nazioni Unite hanno un preciso ruolo fondamentale nell'attuazione di questa responsabilità condivisa.

Di seguito riporto gli 8 obiettivi di cui parlavamo poco fa, propedeutici al rispetto dei valori che abbiamo appena visto:

Figura 4 Gli Obiettivi del Millennio

1. **Sradicare la povertà estrema e la fame**: dimezzare nel periodo 1990-2015 la percentuale di persone che vivono

con un reddito inferiore ad un dollaro al giorno. Dimezzare, sempre nello stesso periodo, la percentuale di persone che soffre la fame. Raggiungere un'occupazione piena e un lavoro dignitoso per tutti, inclusi donne e giovani;

2. **Rendere universale l'educazione primaria**: Assicurare che in tutto il pianeta, entro il 2015, i bambini, maschi e femmine, possano portare a termine un ciclo completo di istruzione primaria;

3. **Promuovere l'eguaglianza di genere e l'empowerment delle donne**: Eliminare le disparità di genere nel campo dell'educazione primaria e secondaria, preferibilmente entro il 2005 e comunque a tutti i livelli educativi entro il 2015;

4. **Ridurre la mortalità infantile**: Ridurre di due terzi il tasso di mortalità infantile sotto i 5 anni;

5. **Migliorare la salute materna**: Ridurre di tre quarti il tasso di mortalità materna e raggiungere entro il 2015 l'accesso universale ai sistemi di salute riproduttiva;

6. **Combattere l'AIDS, la malaria e le altre malattie**: Arrestare entro il 2015, invertendo il trend di crescita e combattendo la diffusione dell'AIDS. Raggiungere entro il 2010 l'accesso universale alle cure contro l'AIDS per tutti coloro che ne hanno bisogno. Arrestare inoltre, sempre entro il 2015, l'incidenza della malaria e delle altre principali malattie;

7. **Assicurare la sostenibilità ambientale**: Integrare i principi dello sviluppo sostenibile all'interno delle politiche e dei programmi dei paesi e invertire la tendenza alla perdita di risorse ambientali. Ridurre la perdita di biodiversità raggiungendo, entro il 2010, una riduzione significativa del tasso di perdita. Dimezzare entro il 2015 la percentuale di persone che non hanno accesso all'acqua potabile e agli impianti igienici di base. Entro il 2020 raggiungere un significativo miglioramento delle condizioni di vita di almeno cento milioni di abitanti delle baraccopoli;

8. **Sviluppare una partnership globale per lo sviluppo**: Rivolgersi ai bisogni specifici dei paesi meno avanzati, di

quelli privi di sbocco al mare e dei piccoli stati insulari in via di sviluppo. Sviluppare un sistema commerciale e finanziario più aperto, regolamentato, prevedibile e non discriminatorio. Trattare globalmente i problemi legati al debito dei paesi in via di sviluppo. In cooperazione con le aziende farmaceutiche, rendere possibile nei paesi in via di sviluppo l'accesso ai farmaci essenziali con costi sostenibili. In cooperazione con il settore privato, rendere disponibili i benefici delle nuove tecnologie, specialmente per quanto riguarda l'informazione e la comunicazione.

Questi 8 obiettivi del millennio fanno da apripista a quelli che poi verranno alla fine del 2015 e che diventeranno ancora più numerosi e ambiziosi (Agenda Onu 2030). Purtroppo, fin dalla loro adozione, questi obiettivi risultarono un semplice elenco di buone intenzioni e nulla di concreto in quanto, soprattutto sul lato ambientale, non si erano stabiliti target precisi di riduzione di temperature e di agenti climalteranti. Il tutto fu rimandato al summit mondiale per lo sviluppo sostenibile che si sarebbe tenuto nel 2002 a Johannesburg.

In tale sede viene redatto un trattato in cui si legge: "*Il rapporto ricorda come gli otto Obiettivi di sviluppo del Millennio usciti dal Vertice ONU del 2000 abbiano costituito la cornice fondamentale per le attività volte allo sviluppo mondiale nei 15 anni trascorsi, al culmine dei quali si può esprimere soddisfazione per i risultati ottenuti: la vita di milioni di persone è stata salvata e la condizione di molte altre è migliorata, dimostrando come persino i paesi più poveri siano suscettibili di progressi assai forti e senza precedenti in presenza di interventi mirati, volontà politica adeguata e sufficienti risorse.*

Non viene peraltro sottaciuto che vi sono stati risultati disomogenei e carenze in molti settori, il che costituisce il compito del prossimo periodo per le politiche di sviluppo".

Secondo il bilancio redatto nel 2015, vennero fatti numerosi passi in avanti in relazione al primo obiettivo: dal 1990 il numero assoluto di persone in stato di estrema povertà è passato dal 1,9 miliardi a 836 milioni. I maggiori progressi si sono registrati dopo l'anno 2000.

Tuttavia va ricordato che la Banca Mondiale considera persone che vivono in estrema povertà quelle che possono contare su un reddito di 1,9 dollari al giorno, senza fare distinzioni tra le varie aree geografiche mondiali e senza tenere conto del fatto che chi vive con 4 o 5 dollari al giorno non se la passi poi così bene. In ogni caso non possiamo parlare di grandi successi quando nel mondo ci sono quasi 70 milioni di bambini che ogni giorno vanno a scuola con il morso della fame e altri 60 milioni che invece non ci vanno per niente.[8]

In merito al secondo obiettivo nel rapporto si rileva come nei paesi in via di sviluppo il tasso netto di iscrizioni alla scuola primaria abbia raggiunto il 91% a fronte dell'83% nell'anno 2000. Il tasso di alfabetizzazione tra i giovani di età compresa tra i 15 e i 24 anni è globalmente cresciuto di 8 punti percentuali e si è ridotto il divario tra maschi e femmine. Tuttavia anche per questo punto si riscontrano varie anomalie come l'alta percentuale tra i giovani 15/24 anni dei cosiddetti NEET (Not in education, employement or training), ovvero coloro che non studiano, non hanno un impiego e non frequentano corsi di formazione. In media nei paesi OCSE rappresentano circa il 14,3% della popolazione. In Italia la percentuale di inattivi risulta essere ancora maggiore, raggiungendo quasi il 25,7% della popolazione.

NEET

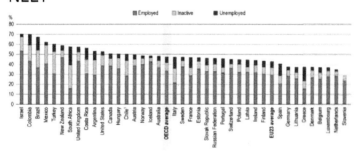

Figura 5 Percentuale di cittadini nella fascia 18/24 anni che hanno un'occupazione (colore verde), disoccupati (colore nero) e inattivi (grigio) Anno 2018

Qualche notizia positiva arriva dalla disparità di genere: in media nei paesi dell'OCSE (Italia inclusa) il grado di istruzione

---

[8] https://www.econopoly.ilsole24ore.com/2019/12/02/poverta-nel-mondo/

delle donne supera quello degli uomini.

Su questo punto e sul terzo obiettivo del millennio il rapporto registra una notevole crescita del numero di ragazze scolarizzate rispetto all'anno 2000. Ad oggi le donne che hanno un impiego sono aumentate, ma nella maggior parte dei casi hanno ancora un trattamento economico inferiore a quello degli uomini. In campo politico, si legge ancora nel rapporto, le donne hanno aumentato la loro presenza anche se alla data della verifica (2015) solo un parlamentare su cinque era donna.

Sul quarto obiettivo si registra una riduzione del tasso di mortalità al di sotto dei cinque anni di età di oltre il 50% rispetto al dato del 1990. Inoltre il dato è ulteriormente calato dal 2015 ad oggi, anche se i circa due milioni e settecento mila bambini morti durante l'anno 2020, rappresentano ancora un numero elevato. Analizzando poi i dati a livello geografico scopriamo che la maggior parte di quelle morti avviene nell'Africa subsahariana e in altre aree povere del mondo. E il quinto obiettivo è collegato in qualche misura a questo, in quanto tratta della mortalità materna, sceso anch'esso nel 2015 del 45% rispetto ai valori del 1990. L'accesso a migliori cure e visite prenatali e il miglioramento delle condizioni di igiene hanno contribuito al miglioramento della salute materna.

Prima dell'attuale pandemia da Corona Virus, negli anni novanta il tremendo virus che circolava (e che circola tutt'ora) era l'HIV/AIDS, che ha infettato tantissime persone e ha fatto numerose vittime (nell'ultimo anno sono decedute circa 600 mila persone). Nel bilancio della situazione al 2015 riguardante il sesto obiettivo si era registrata una flessione di oltre il 40% delle infezioni da HIV e la terapia antiretrovirale ha permesso di salvare circa 7,6 milioni di persone. Progressi importanti si sono avuti anche nella lotta contro le altre malattie, come malaria e tubercolosi, che colpiscono vaste aree dell'Africa.

Sul settimo obiettivo il rapporto è molto blando perché, pur constatando che si sono fatti numerosi sforzi da parte degli stati per eliminare le sostanze responsabili del buco nell'ozono, le azioni da fare sono ancora molte, sia per contenere l'innalzamento delle temperature, sia per garantire una diversità di specie marine e terrestri. C'è stato sicuramente un miglioramento di circa 2,6 miliardi di persone che hanno avuto accesso all'acqua potabile e ad altri servizi di igiene. Se guardiamo ai livelli di inquinamento di sostanze climalteranti e l'immissione nell'atmosfera di CO_2 che si sono raggiunti oggi, gli sforzi da compiere sono notevoli e vanno concordati con tutti i paesi del mondo.

Riguardo l'ultimo obiettivo del millennio, nel rapporto si registra un notevole progresso in termini di aiuti verso i paesi in via di sviluppo da parte dei paesi avanzati, con un incremento del 66%: in termini reali si è raggiunto nel 2014 i 135 miliardi di dollari. Ad oggi, mentre i principali paesi europei donatori di fondi hanno aumentato la propria quota, l'Italia taglia di ben 270 milioni il fondo dell'Aiuto Pubblico allo Sviluppo (APS). Tali aiuti erano destinati ai paesi poveri del mondo colpiti dalla pandemia e sono passati da 3940 milioni del 2019 a 3670 milioni nel 2020 (-7,1%). Tuttavia secondo l'ultimo rapporto dell'Ocse lo stanziamento totale verso i paesi più poveri ha raggiunto i 161,2 miliardi di euro nel 2020 (+ 3,5% rispetto al 2019).[9]

Anche nella conferenza del Millennio ci furono numerosi interventi curiosi e uno tra i più applauditi fu quello del professor birmano Satya Narayan Goenka che intervenne il 29 agosto 2000 di fronte ai maggiori leader religiosi del mondo.
Ecco il suo discorso: *"Amici! Leader del mondo spirituale, leader del mondo religioso, ringraziamo gli organizzatori per questa meravigliosa occasione dove noi tutti possiamo riunirci e servire l'umanità. La religione è religione solo quando unisce, la religione non è più religione quando divide. La religione non è per dividere è per unire le persone. Molto si è detto sulla conversione, a favore e contro la conversione. Io sono per la conversione, non sono contrario, ma conversione*

[9]

https://www.repubblica.it/solidarieta/cooperazione/2021/04/13/news/a
iuto_pubblico_allo_sviluppo_aumenta_quello_ai_paesi_poveri_per_meri
to_dell_ue_ma_l_italia_taglia_270_milioni_-296315895/

non da una religione organizzata ad un'altra religione organizzata. No! Conversione dalla miseria alla felicità, conversione dalla servitù alla liberazione, conversione dalla crudeltà alla compassione. Di questa conversione abbiamo bisogno oggi e questo è ciò che questa organizzazione dovrebbe provare ad effettuare. Il nostro antico paese non ha dato solo un messaggio di pace e di armonia al mondo, all'umanità, persone illuminate hanno dato un metodo, una tecnica come ottenere la pace, come ottenere l'armonia. Secondo me, nel pensare alla pace per la società umana, non possiamo ignorare l'individuo. Se non c'è pace nella mente dell'individuo non capisco come ci possa essere vera pace nel mondo umano. Se io ho una mente agitata sempre piena di rabbia, odio, malevolenza, animosità, come posso dare pace al mondo? Perché se non ho pace dentro di me, sono una persona agitata. I grandi illuminati hanno detto: "Prima abbi pace dentro di te". Quindi ognuno deve osservare se ha realmente pace dentro di sé. Tutti i saggi, i santi, i veggenti del mondo hanno dato questo consiglio: "Conosci te stesso, conosci te stesso". Non solo a livello intellettuale, non solo accettandolo a livello emotivo o devozionale, ma a livello effettivo. Quando cominci a sperimentare la verità su di te, dentro di te a livello esperienziale, molti problemi sono risolti. Cominci a capire la legge universale. La legge universale della natura o del Dio Onnipotente, legge universale che è applicabile a tutti e a ognuno. Quando io comincio ad osservare all'interno di me e trovo che sto generando rabbia, odio, malevolenza, animosità, immediatamente comprendo di essere la prima vittima della mia rabbia. Sono io la prima vittima dell'odio che sto generando dentro di me, soltanto dopo comincio a danneggiare gli altri. Questa è la legge di natura. Se osservo dentro di me, scopro che appena genero qualche negatività nella mente ci sono molte reazioni fisiche, il mio corpo comincia a bruciare, si riscalda, palpitazione, tensione. Sono una persona infelice! E quando genero negatività in me e divengo infelice, non tengo l'infelicità per me, continuo a gettarla sugli altri, rendo l'intera atmosfera intorno a me così tesa che chiunque entra in contatto con me diviene infelice. E pure parlo di pace, parlo di felicità continuo a parlare di felicità e di pace. Quello che sta accadendo in me è più importante di ogni altra cosa. Legge di natura! Se io sono libero da queste negatività, se la mente è libera da negatività, se la mente è pura, di nuovo la legge di natura inizia a lavorare. Osservo dentro di me in questo momento non c'è negatività nella mente e guarda! La natura o Dio Onnipotente ha cominciato a ricompensarmi. Mi sento così in pace, così in pace! E quando genero negatività osservo, divengo così infelice. Perciò, chiunque, che appartenga a questa o quella religione, questa o quella tradizione, questo o quel paese, quando infrange la legge di natura, quando genera negatività nella mente, è destinato a soffrire! La natura comincia a punirlo, il fuoco dell'inferno dentro di sé. Questo è il seme che sto seminando, il seme dell'inferno dentro di me e dopo la morte non troverò altro che il fuoco dell'inferno. Questa è la legge di natura! Se mantengo la mia mente pura piena d'amore, di compassione, gioisco del regno del cielo dentro di me. E questo seme del regno del cielo non porterà altro che il frutto del regno del cielo dopo la morte. Che io chiami me stesso induista o musulmano, cristiano o jainista, non fa nessuna differenza, un essere umano è un essere umano, la mente umana è la mente umana. La conversione dovrebbe essere dall'impurità della mente alla purezza della mente. E come cambiano le persone, che cambi meravigliosi avvengono! Nessuna magia, nessun miracolo. È una pura scienza! Osservazione dell'interazione tra mente e corpo dentro di noi, di come la mente continua a influenzare il corpo, di come il corpo continua ad influenzare la mente. Se continuiamo ad osservare comprendiamo così chiaramente la legge di natura. Appena genero negatività comincio a soffrire e quando sono libero da negatività comincio a godere di pace e armonia. Questo può essere praticato da tutti. Una tradizione meravigliosa, una tecnica meravigliosa data dall'illuminato nel nostro antico paese e diffusa in tutto il mondo. Anche oggi, persone di comunità diverse, tradizioni e religioni diverse vengono e imparano questa tecnica e trovano lo stesso beneficio. Gli induisti rimangono induisti, i buddisti rimangono buddisti, i musulmani, musulmani, i cristiani, cristiani. Che differenza fa? Un essere umano è un essere umano. Ma una grande differenza arriva: diventano vere persone spirituali piene di amore, piene di compassione, buone per sé, buone per gli altri. Quando genero pace nella mia mente, l'intera atmosfera intorno a me è permeata con la vibrazione di pace. Chiunque entri in contatto con me comincia a sentirsi in pace. Questa è la vera conversione necessaria. Nient'altro! Grazie.[10]

Dieci anni dopo il summit della Terra del 1992 a Rio, l'Onu convoca un nuovo vertice mondiale in Sudafrica a Johannesburg, il cui scopo principale è quello di verificare quanto di quello deciso a Rio fosse stato portato a termine o fosse in corso di svolgimento e con quali risultati. Ci si rende subito conto che la situazione ambientale e climatica mondiale è andata ancora peggiorando e la lotta alla povertà si sta rivelando ancora poco efficace. Ricordiamo che in questi ultimi 10 anni (1992-2002) la globalizzazione ha avuto un impatto negativo sull'ambiente e le liberalizzazioni commerciali hanno aumentato le divergenze tra i paesi ricchi del nord e i paesi in via di sviluppo e del sud, più poveri e desiderosi di raggiungere un certo grado di benessere ambientale o sociale a qualsiasi costo. Alla fine del summit, nonostante gli appelli di Nelson Mandela, si giunge solamente ad una dichiarazione che ha poco impatto giuridico e ad un piano di azione che rappresenta più che altro una lista di raccomandazioni non vincolanti sulla conservazione delle risorse naturali, l'uso di energie rinnovabili e un'attenzione ai diritti e servizi igienici per le popolazioni del terzo mondo.

Nel suo discorso inaugurale, il segretario delle Nazioni Unite Kofi Annan, rivolge un invito speranzoso a tutti i capi di stato presenti, affinché il nuovo summit rappresenti una grande

---

10

https://www.youtube.com/watch?v=ZjTJtuzaQXc&list=PLWnHGa4M5fDD B8HpqpEHF8xf9ftY-65Ae&index=27

opportunità da non sprecare: "*Viviamo in un pianeta inserito in una delicata ed intricata rete di relazioni ecologiche, sociali, economiche e culturali, che regolano le nostre esistenze. Se vogliamo raggiungere uno sviluppo sostenibile, dovremo dimostrare una maggiore responsabilità nei confronti degli ecosistemi dai quali dipende ogni forma di vita, considerandoci parte di una sola comunità umana, e soprattutto nei confronti delle generazioni che seguiranno".*

Il segretario riafferma con forza la necessità di adottare uno sviluppo sostenibile, così come definito nel rapporto Brundtland, con particolare focus rivolto alle nuove generazioni. Questa esortazione di Kofi Annan sarà rivendicata dal documento finale del summit di Johannesburg. Dopo numerose e faticose trattative tra le posizioni più sensibili ai cambiamenti climatici e inclini a fissare scadenze e obiettivi precisi come l'Europa e i paesi, come gli Stati Uniti e il Giappone, più indisponibili a prendere impegni che avrebbero compromesso i livelli di sviluppo raggiunti, si partorisce un documento molto blando contenente solamente raccomandazioni più che precisi impegni e scadenze da rispettare. Occorre ricordare che il vertice di Johannesburg avviene un anno dopo i drammatici avvenimenti dell'11 settembre 2001, che non solo avevano cancellato alcune certezze raggiunte dai precedenti vertici, ma avevano focalizzato l'attenzione generale su temi riguardanti la sicurezza nazionale, inasprito gli scontri tra civiltà e culture diverse, e messo in risalto le differenze economiche tra i vari stati. Evidentemente il discorso del professor Goenka non era stato compreso molto bene!

Si arriva così al nuovo summit svolto a New York nel settembre del 2005, con l'obiettivo di monitorare i progressi compiuti nel raggiungimento degli 8 obiettivi del Millennio. Al summit si parla anche del ruolo delle Nazioni Unite e di come a seguito dei numerosi cambiamenti politici avvenuti, (si pensi al crollo dell'Unione Sovietica) la stessa organizzazione sia rappresentativa delle nazioni mondiali. I poteri di forza tra i vari stati si stanno modificando, crolla l'Unione Sovietica, ma due altre nazioni stanno avanzando politicamente e economicamente: Cina e India. Diventa importante verificare se certe istituzioni come il G8 o le stesse Nazioni Unite siano ancora rappresentative dei nuovi poteri di forza mondiali. Il documento finale del summit di New York affronta tutti i temi più urgenti e rilevanti quali il terrorismo, i diritti umani, la pace nel mondo, lo sviluppo sostenibile, il debito dei paesi più poveri, l'educazione e i cambiamenti climatici. Alcuni giorni prima dell'apertura dei lavori si rende noto un rapporto dal titolo "Human Development Report 2005", dal quale emergono alcune considerazioni sul fatto che gli obiettivi del Millennio difficilmente potranno essere raggiunti entro il prossimo 2015. Inoltre si rende noto che circa il 40% della popolazione mondiale vive con meno di 2 dollari al giorno, si tratta di circa 2,5 miliardi di individui e che alcuni paesi potrebbero raggiungere uno o più di uno dei target del Millennio solamente nel 2040. La chiusura di alcuni paesi come gli Stati Uniti di Bush verso i temi dello sviluppo sostenibile e dei cambiamenti climatici risultò ancora più drammatica e incomprensibile se si pensa che solo un mese prima dell'apertura del summit l'uragano Katrina aveva provocato numerosi morti e inflitto gravissimi danni ambientali ed economici. Ormai gli Stati Uniti ci hanno abituato ancora oggi che con l'alternarsi dei vari presidenti si verificano aperture o chiusure verso i temi della sostenibilità ambientale. Succede anche in altre aree come l'Unione Europea, dove sul piano formale i paesi dell'Unione sono tutti d'accordo sullo sviluppo sostenibile e sull'attenzione ai cambiamenti climatici, ma poi ci sono paesi come la Francia che continua a produrre energia con le proprie centrali nucleari o paesi come la Polonia attaccatissima alle proprie miniere di carbone. Occorre meglio specificare che, nonostante qualche comportamento anomalo, l'Unione Europea a differenza di altre aree del mondo è sempre stata molto sensibile al tema della sostenibilità e in particolare alla sostenibilità ambientale. Probabilmente una maggiore presenza di formazioni politiche (I Verdi) che come programma hanno da tempo in Germania e in alcuni paesi del nord Europa, fatto della sostenibilità ambientale e della giustizia sociale la base della loro iniziativa politica, ha contribuito per tutta l'area a favorire un maggiore impegno ecologico dell'Unione Europea. In particolare negli anni che vanno dal 2000 ai giorni nostri l'impegno dell'Europa si è trasformato in una serie di piani di azione per realizzare concretamente gli impegni presi nelle varie Cop (Conference of Parts) e nei vari summit mondiali.

Il VI Programma di azione ambientale dal titolo "Il nostro futuro, la nostra scelta" è stato adottato nel 2002 e copre un periodo di tempo che arriva fino al 2010. Nel programma si cerca di delineare una sfida ambientale che ovviamente non riguarda solamente la zona europea ma tutto il globo, in quanto legata ad un modello di produzione e consumo che oramai non è più sostenibile. Il nostro modello di produzione infatti pregiudica la qualità ambientale, ma anche la salute per l'ambiente e l'uomo, compromette la diversità biologica e spreca risorse e energie che per loro natura sono finite. Mi è piaciuto molto l'obiettivo che tale Piano si ripropone: "...*la società che tutti noi, istituzioni e privati cittadini, dobbiamo contribuire a costruire, è quella in cui le auto non inquinano, i rifiuti sono riciclati o smaltiti in modo sicuro e la produzione di energia non provoca un cambiamento climatico; in cui i bambini non assorbono sostanze chimiche nocive dai giocattoli o dagli alimenti; in cui la natura, la fauna e la flora non sono minacciate dall'edilizia*".

In poche parole sono descritte le iniziative che tutti, *istituzioni e privati cittadini,* sono chiamati a svolgere fin da subito per evitare conseguenze peggiori nel futuro e soprattutto per creare un modello di consumo e di produzione che sia più efficiente e sostenibile, generando una minore quantità di rifiuti da smaltire. Come ulteriori obiettivi, una maggiore attenzione all'assorbimento da parte dei bambini di sostanze chimiche nocive dai giocattoli perché trattati con composti banditi e da parte dell'uomo di pesticidi utilizzati nella produzione agroindustriale che hanno una elevata tossicità e capacità di accumulo lungo tutta la catena alimentare. Chi di noi, soprattutto se superata una certa età, non si ricorda del famoso DDT il cui uso è stato bandito dall'Unione Europea nel 1986! Ad essere banditi furono anche altri pesticidi della famiglia dei policlorobifenili, ma molte sostanze chimiche permangono ancora nel nostro ambiente e nel nostro corpo, come sostiene Melissa Perry della George University nel suo studio; e secondo altri scienziati, anche la fertilità degli esseri umani sarebbe a rischio. L'epidemiologa ambientalista Shanna Swan ha fissato al 2045 la data in cui gli uomini potrebbero non essere più in grado di riprodursi senza l'aiuto della fecondazione assistita a causa dei vari contaminanti ambientali. Sulle pagine del The Guardian, Erin Brockovich, portata alla fama mondiale dall'omonimo film interpretato da Julia Roberts, ha lanciato l'allarme su come le varie sostanze chimiche stanno alterando gli ormoni e il sistema endocrino umano, aprendo la strada ad un futuro sempre più incerto.

Sempre per contrastare i cambiamenti climatici, il Consiglio Europeo riunitosi l'8 e il 9 marzo 2007 ha delineato una nuova politica energetica per l'Europa e ha invitato tutti i paesi membri a fare uno sforzo per limitare l'aumento della temperatura media globale di 2 gradi centigradi rispetto ai livelli preindustriali. Nel gennaio dell'anno seguente, la Commissione adotta un piano di azione su energia e clima, meglio conosciuto come strategia 20-20-20. In tale pacchetto di proposte si prevedeva di raggiungere entro il prossimo 2020 una riduzione dei gas ad effetto serra di almeno il 20% rispetto a quelli prodotti nel 1990 e un incremento di energie rinnovabili, solare e eolico, raggiungendo il 20% sul totale dei consumi di energia. Infine vi era un impegno a ridurre il consumo energetico del 20% con una migliore efficienza energetica e minori sprechi.

Figura 6 Piano di Azione Europeo

Secondo il principio "chi inquina paga", nel Piano di azione europeo viene modificato il sistema di scambio di quote di emissione dei gas ad effetto serra (ETS Emission Trading System), dove sono previste aste per l'acquisto di quote da parte di quelle aziende che per la loro struttura produttiva hanno effettiva necessità di emettere agenti climalteranti. Le somme raccolte sono destinate alla ricerca di strumenti per la riduzione delle emissioni di gas ad effetto serra, per migliorare l'efficienza energetica e per sviluppare le energie rinnovabili. Inoltre nel Piano di azione viene stabilito un limite medio di emissioni di CO_2 delle auto nuove a 130g CO_2/km a partire dal 2012 con un obiettivo per il 2020 di 95g CO_2/km.[11]

L'adozione da parte dell'Unione Europea del sistema *cap and trade* ha prodotto una importante riduzione delle emissioni climalteranti, nonostante alcune critiche sui sistemi incentivanti o disincentivanti adottate dagli stati per contrastare i cambiamenti climatici. Ricordiamo sempre che l'essere umano non è un essere estremamente razionale in grado di massimizzare l'utile con la propria scelta, e spesso percepisce gli stessi cambiamenti climatici in maniera distorta e mediata a seconda della propria cultura sociale e il proprio orientamento politico. Di fronte a due lampadine, una tradizionale e una ad efficienza energetica (ma con un costo doppio rispetto all'altra) non sempre la scelta ricade su quest'ultima. Per tanti anni i cambiamenti climatici sono stati ignorati e considerati semplicemente una "bufala" da alcuni paesi come gli Stati Uniti. Gli incentivi rappresentati da quote che le imprese più inquinanti possono acquistare dovrebbe rappresentare un deterrente all'immissione nell'ambiente di sostanze inquinanti, ma in alcuni casi potrebbe rappresentare anche un "invito" ad inquinare di più dettato dal senso: "ok pago di più mi sento in diritto di inquinare di più". È la tragedia dei beni comuni e l'inquinamento del clima pur non essendo un bene (in realtà è proprio un "male") è qualcosa di comune, di pubblico.

---

[11] La misura indica le emissioni di CO_2 per km. Esempio se percorro 10.000 km in un anno la mia auto non può emettere più di 950 Kg di anidride carbonica nell'aria.

L'Emission Trade System (ETS) adottato dall'Unione Europea stabilisce un tetto (cap) di ammontare complessivo di tonnellate di CO_2 e tutte le imprese devono adeguarsi a tale livello di inquinamento. La Commissione Europea assegna le varie quote ai singoli stati che a loro volta le distribuiscono ai soggetti interessati, cercando di non penalizzare troppo quelle imprese inquinanti che sono più esposte alla concorrenza di altre imprese non soggette alla regolamentazione delle quote. Quindi un'azienda in concorrenza con un'altra sempre nello stesso settore economico, ma situata in Cina, riceverà una maggiore quantità di quote rispetto ad un'altra impresa non sottoposta alla concorrenza estera. Ovviamente come ogni bene soggetto allo scambio, anche le quote di inquinamento che le varie imprese si scambiano sul mercato hanno un prezzo e tale prezzo oscilla per la normale e assai nota relazione della domanda e dell'offerta. Dalla loro introduzione si sono già verificati due eventi che hanno fatto crollare il prezzo delle quote, vanificando il compito stesso che tale costo doveva produrre: la crisi finanziaria economica del 2008 e la pandemia covid-19 del 2020. Il prezzo di quote di inquinamento per tonnellata di CO_2 dovrebbe avere un prezzo superiore ai 20 euro per far sì che il maggior costo per le imprese faccia da deterrente per una ristrutturazione aziendale e per una maggiore efficienza energetica. Se il prezzo della quota mi scende a zero o prossimo allo zero come successo nel 2008 e nel 2020, svanisce l'effetto deterrente per le imprese più inquinanti e meno efficienti.

Nei giorni dal 7 al 18 dicembre 2009 a Copenhagen si svolge la 15° Conferenza delle Parti delle Nazioni Unite (COP15) con l'obiettivo ambizioso di raggiungere un accordo globale sui cambiamenti climatici in maniera da superare l'accordo di Kyoto che nel 2012 andrà in scadenza e di stabilire degli aiuti ai paesi in via di sviluppo. La Conferenza di Copenhagen si apre con un video shock "Please help the World"[12]sui cambiamenti climatici che sconvolgono i sogni di una bambina

---

[12] https://www.youtube.com/watch?v=NVGGgncVq-4

alle prese con un pianeta diventato inospitale e pericoloso. Anche il primo ministro danese Rassmussen nel discorso di apertura si è augurato che Copenhagen possa diventare una "Hopenagen" giocando sulla parola "hope", cioè speranza. Devo confessare una cosa: ho visto il video in rete e, forse perché abituato ormai da anni a vedere filmati sui cambiamenti climatici, sui flussi migratori e i naufragi del Mediterraneo o altri video sulle guerre in Siria e in altri paesi disperati, il video di apertura della Conferenza di Copenhagen non mi è sembrato troppo sconvolgente! Certo, il problema dei cambiamenti climatici che causano morte, mancanza di cibo, scarsità di acqua, esiste e fin dal vertice di Rio del 1992 e delle parole della dodicenne Sever Cullis Suzuki (*se non sapete come sistemare tutto ciò, smettete di distruggerlo*), la sensibilità a questo problema è in aumento. Proprio in quell'occasione (Rio 1992) nacque la Convenzione delle Nazioni Unite (United Nations Framework Convention on Climate Change UNFCCC) e da quel momento i vari stati che hanno adottato tale convenzione, si ritrovano annualmente nella Conferenza delle Parti (le varie Cop) per discutere di cambiamenti climatici e di azioni da compiere per contrastarli. Nella Cop 15 di Copenhagen la novità è rappresentata dal neo presidente degli Stati Uniti Barack Obama che ha deciso di partecipare al summit negli ultimi giorni quando saranno prese le decisioni finali. E alla fine del summit, come già successo in altri incontri, quella che era la *"hope"* dell'apertura si trasforma in una delusione: un documento finale che rappresenta solamente una sorta di *lettera di intenti* sottoscritta da alcuni paesi importanti come Stati Uniti e Cina, due grandi inquinatori, ma nulla di vincolante. I contenuti di tale documento sono riassumibili in pochi punti:

1) Impegno da parte degli Stati ad intraprendere tutte le misure necessarie per contenere l'innalzamento delle temperature al di sotto dei 2° C;

2) L'istituzione di un fondo da parte degli stati industrializzati da destinare ai paesi in via di sviluppo per la loro conversione energetica;
3) Che la responsabilità dell'immissione dei gas climalteranti sia ripartita in maniera diseguale tra gli stati industrializzati e quelli in via di sviluppo;
4) Che si possa raggiungere un vero e proprio accordo vincolante sul clima entro il 2010;
5) Che la successiva conferenza dell'Onu sul clima sia organizzata in Messico nel 2010.

Insomma come si dice proverbialmente: la montagna ha partorito un topolino! Quello che più ha deluso è stato la mancanza di un accordo vincolante sul clima con percentuali di riduzioni e metodi di controllo e verifica. Inoltre paesi inquinanti come la Cina o l'India hanno aderito alla lettera di intenti, ma si sono dimostrate, specialmente la Cina, molto contrariate ad accettare meccanismi di controllo e verifica. L'Europa da parte sua era pronta a fare uno sforzo maggiore innalzando il proprio impegno climatico 20-20-20 al 30% se c'era l'impegno anche di altri Stati. Come si è visto in altre occasioni, anche in questa conferenza delle parti (COP15), si registra la delusione per non aver individuato dei target per la riduzione delle emissioni climalteranti entro un determinato periodo. Le delusioni maggiori le hanno manifestate organizzazioni come Greenpeace o il WWF da sempre vicini ai temi dei cambiamenti climatici e ambientali. In ogni caso se vogliamo trovare un merito alla conferenza di Copenaghen dobbiamo dire che per la prima volta si è parlato di cambiamento climatico e ci siamo resi conto che il problema del clima non riguarda solamente la sfera ambientale, ma anche quella economica. Le grandi potenze mondiali come Stati Uniti e Cina, che sono le maggiori responsabili delle alterazioni del clima con le loro immissioni di gas serra, stanno cominciando a comprendere la stretta relazione esistente tra clima e economia. Certo, rimane ancora il divario tra paesi sviluppati e industrializzati e paesi in via di sviluppo che devono essere messi nelle condizioni di non inquinare senza rinunciare al proprio sviluppo economico.

Gli eventi internazionali fin qui descritti hanno definito il concetto di sviluppo sostenibile, come quello sviluppo che consente alle generazioni presenti di soddisfare i propri bisogni, senza compromettere la possibilità per le generazioni future di soddisfare i propri e soprattutto senza distruggere irrimediabilmente i sistemi naturali e la biodiversità del pianeta. Un pianeta che sta diventando sempre più piccolo per una popolazione che potrebbe raggiungere i 10 miliardi di individui a fine secolo e dove la capacità di assorbire i rifiuti e gli scarti diventa sempre minore. L'Earth Overshoot Day, ovvero la data in cui la Terra, a causa della domanda da parte dell'umanità di risorse naturali, non è più in grado di rigenerare in quell'anno tali risorse, per l'anno 2021 è caduto il 29 luglio. Tradotto in parole semplici si tratta del giorno in cui l'umanità mondiale ha consumato tutte le risorse naturali prodotte dalla Terra. Questo giorno negli anni si è andato sempre riducendo ad eccezione dell'anno 2020 in cui a causa della pandemia i nostri consumi si sono notevolmente ridotti e l'overshoot day è caduto il 22 agosto.

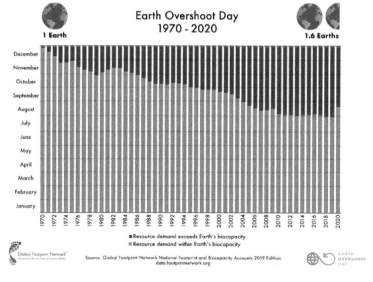

Figura 7 Earth Overshoot Day 1970-2020

Come possiamo vedere dal grafico della figura 7, negli anni '70 del secolo scorso eravamo in perfetto equilibrio e l'umanità aveva bisogno di un unico pianeta per soddisfare tutti i bisogni necessari. Con il passare degli anni l'umanità ha cominciato a consumare risorse naturali maggiori e la bio-capacità della Terra di rigenerarsi si è sensibilmente ridotta. Oggi abbiamo bisogno di un pianeta e mezzo per soddisfare tutti i nostri bisogni o, detto in altri termini, il giorno in cui si esaurisce la bio-capacità della Terra viene sempre più anticipato (29 luglio 2021 overshoot day). Ancora oggi molti politici, imprenditori e economisti negano tale evidenza e continuano a perseguire una crescita infinita fine a sé stessa, senza tenere in considerazione gli impatti negativi sull'ambiente, esaurendo risorse naturali e distruggendo o inquinando sistemi naturali e aggravando sempre più il divario sociale ed economico tra paesi ricchi e paesi poveri. Quello in cui possiamo sperare e contare è la maggiore sensibilità a tali temi delle nuove generazioni, millennials, generazioni Z e quelle che verranno in futuro. Occorre anche da parte della mia generazione un cambiamento culturale profondo nei nostri comportamenti consumistici e se questo comporterà dei sacrifici a beneficio di un modello antropologico più sano e più giusto, sono disposto a fare tali sacrifici con molto piacere. Quello che è messo in discussione nei vari incontri internazionali non è tanto la sopravvivenza del nostro pianeta, ma la nostra stessa sopravvivenza: ecco l'aspetto antropologico. Il pianeta Terra era presente e vivo molti anni prima della nostra prima apparizione e probabilmente rimarrà vivo anche moltissimi anni dopo la nostra estinzione. La Natura fa il suo corso ed è completamente indifferente alle vicissitudini umane e lo aveva intuito molto bene un poeta filosofo italiano ai primi dell'Ottocento: Giacomo Leopardi. Nel Dialogo della Natura e di un Islandese, composta nel 1824, si racconta di questo personaggio che sfugge al clima freddo e poco ospitale dell'Islanda, alla ricerca di un posto dove vivere *lontano dai patimenti.* Ma cercando in ogni parte del pianeta non trova altro che *patimenti,* rappresentati da *l'intensità del freddo e l'ardore* *estremo della state...*ma anche terremoti, eruzioni vulcaniche, vento, malattie e tante avversità che affliggono l'umanità. E dopo tanto vagare si ritrova in Africa, sotto la linea dell'equatore, al cospetto di un busto di donna seduta in terra *di volto mezzo tra bello e terribile*. La Natura appunto che al racconto dell'islandese gli risponde così: *"Immaginavi tu forse che il mondo fosse fatto per causa vostra? Ora sappi che nelle fatture, negli ordini e nelle operazioni mie, trattone pochissime, sempre ebbi ed ho l'intenzione a tutt'altro che alla felicità degli uomini o all'infelicità. Quando io vi offendo in qualunque modo e con qualsiasi mezzo, io non me n'avveggo, se non rarissime volte: come, ordinariamente, se io vi diletto o vi benefico, io non lo so; e non ho fatto, come credete voi, quelle tali cose, o non fo quelle tali azioni, per dilettarvi o giovarvi. E finalmente, se anche mi avvenisse di estinguere tutta la vostra specie, io non me ne avvedrei"*.

Quindi la questione del cambiamento climatico rimane sempre una questione antropologica. Ma andiamo avanti con la nostra storia!

Arriviamo così al 20 giugno 2012 quando si apre a Rio De Janeiro, vent'anni dopo il summit della terra del 1992, la nuova conferenza Onu sullo sviluppo sostenibile chiamata anche Rio+20. In realtà i lavori preparatori di questo vertice erano iniziati già dall'autunno dell'anno precedente coinvolgendo non solo le istituzioni dei vari stati, ma anche esponenti della società civile, in particolare rappresentanti del mondo scientifico ed economico, organizzazioni ambientali e giovanili. Nella fase preparatoria della Conferenza di Rio le varie organizzazioni avevano prodotto un voluminoso testo di oltre 200 pagine che fu sottoposto all'approvazione dell'ufficio di presidenza (bureau) del summit. Il testo ovviamente era poco consensuale e a pochi giorni dall'inizio della conferenza, si era trovato un accordo su appena un terzo del lavoro svolto, rischiando di far fallire il summit ancora prima di farlo iniziare. La presidente brasiliana Dilma Rousseff mise tutti d'accordo eliminando di fatto tutte le parti del documento che non trovavano consenso unanime e arrivando a presentare un testo condivido di una cinquantina di pagine dal titolo: "The future we want".[13]

Il testo conclusivo è composto da 283 paragrafi suddivisi in 6 sezioni e i tratti essenziali riguardano due punti cruciali per lo sviluppo sostenibile:

- La green economy
- Il quadro istituzionale per lo sviluppo sostenibile.

Per la prima volta viene introdotto il concetto di *economia verde* come nuovo modello di produzione per uno sviluppo sostenibile e attento alle risorse del pianeta. Lo stesso modello sarà preso come riferimento per ridurre la povertà dei paesi del sud e le enormi disuguaglianze che si stanno sempre di più ampliando. L'economia verde è un processo inevitabile per una transizione verso un'economia che produca maggiore benessere sociale, riducendo al tempo stesso rischi ambientali come la perdita di biodiversità, cambiamenti climatici, desertificazione del suolo ed esaurimento delle risorse naturali. Si realizza una correlazione positiva tra cambiamenti ed eventi climatici estremi e povertà economica, con milioni di persone costrette a migrare verso altre terre e verso altri luoghi. Si legge al paragrafo 2: *Sradicare la povertà è la più grande sfida globale di fronte al mondo di oggi e il requisito indispensabile per lo sviluppo sostenibile...* e più sotto viene ribadito che uno sviluppo sostenibile è perseguibile solamente se si includono gli aspetti economici, sociali e ambientali, riconoscendo le loro interconnessioni. Mancano degli obiettivi e degli impegni precisi, lasciando ancora quasi tutto alla buona volontà degli stati ad affrontare il tema della green economy e gli altri temi scottanti.

Oltre all'interconnessione tra i tre aspetti della sostenibilità ambientale, sociale ed economica, i vari stati membri sono invitati a cooperare tra di loro nel quadro istituzionale esistente, che è poi quello delle Nazioni Unite. Infine si invitano i paesi più sviluppati e ricchi a mantenere gli impegni presi nei

---

[13] Il futuro che vorremmo.

confronti degli Stati più poveri devolvendo il 7 per mille del Pil.

Il gruppo di lavoro delle Nazioni Unite (Open Working Group), in vista anche della prossima scadenza degli obiettivi del Millennio del 2015, prepara quelli che poi diventeranno i 17 Obiettivi di Sviluppo Sostenibile (Sustainable Development Goals) dell'Agenda Onu 2030 che saranno approvati nel summit di settembre 2015.

Tutti ci ricordiamo del discorso di una dodicenne, Severn Cullis Suzuki, che per 6 minuti tenne ammutoliti i grandi della terra al summit di Rio 1992 e la sua frase celebre: *"Se non sapete come sistemare tutto ciò, smettete di distruggerlo"*. Nel 2012 la signora trentaduenne, mamma Severn non ha abbandonato le sue idee ed è ancora fortemente convinta che occorra portare avanti una battaglia in difesa dell'ambiente e dei diritti dell'uomo. E alla Conferenza di Rio riaffermerà le proprie convinzioni, constatando che in questi venti anni poco è cambiato e molto è peggiorato. Un altro protagonista sarà ricordato a Rio+20: José Alberto Mujica Cordano, meglio conosciuto come Pepe Mujica. Con un passato da guerrigliero nei Tupamaros, un'organizzazione di ispirazione comunista negli anni della dittatura in Uruguay (anni '50/'60), è stato eletto nel 2010 presidente dell'Uruguay. Ha avuto una vita molto difficile e ha fatto della sobrietà dei consumi il suo stile di vita principale. Racconta che appena eletto parlamentare nel 1995 si presentò il primo giorno davanti al palazzo parlamentare, parcheggiando il suo scooter e presentandosi in jeans e con la sua giacca a vento. Appena parcheggiato, il poliziotto di servizio gli chiese se aveva intenzione di fermarsi per molto tempo. Pepe Mujica con tutta la sua serenità gli rispose: "mi trattengo solo per il prossimi 5 anni, se non mi fanno fuori prima". Circa il 90% della retribuzione che riceve come presidente lo devolve ad organizzazioni umanitarie o a persone bisognose e a chi gli chiede come mai regala il suo stipendio, lui risponde: *"Ho settantotto anni: dovrei forse mettermi adesso ad accumulare soldi? Un giorno o l'altro potrei morire per un attacco di forfora! Non avrebbe senso! Te ne rendi conto? E non riesco a capire tutta quella gente che si affanna e fa qualunque cosa per accumulare denaro. L'unico motivo che mi spingerebbe ad accumulare soldi sarebbe l'esistenza di un mercato dove poter comprare la vita. Se ci fosse questo tipo di commercio, direi: "Ehi dammi cinque anni in più di vita". Allora sì! La cosa cambia, cambierebbe tutto! Ma questo commercio non esiste, purtroppo. Dico purtroppo perché la vita è bella, malgrado tutto è meravigliosa".[14]*

Ecco che si presenta un giorno a Rio al summit e pronuncia un famoso discorso sulla sobrietà dei consumi e su uno sviluppo più sostenibile:

"Ringrazio gli organismi e le autorità provenienti da tutte le latitudini. Molte grazie anche al popolo brasiliano e alla sua Presidente, Dilma Rousseff. Ringrazio la buona fede che, sicuramente, hanno manifestato tutti gli oratori che mi hanno preceduto.

Come governanti, siamo l'espressione dell'intima volontà di avallare tutti gli accordi che questa nostra, povera umanità possa sottoscrivere. Tuttavia, permettiamo a noi stessi di farci qualche domanda a voce alta.

Per tutto il pomeriggio si è parlato di sviluppo sostenibile, di togliere le immense masse dalla povertà. Ma cosa aleggia nelle nostre menti? Forse l'attuale modello di sviluppo e di consumo delle società ricche? Mi faccio questa domanda: che succederebbe a questo pianeta se gli indiani possedessero la stessa proporzione di automobili per famiglia che hanno i tedeschi? Quanto ossigeno ci rimarrebbe da respirare?

Sarò più chiaro: il mondo ha oggi gli elementi naturali per fare in modo che sette o otto miliardi di persone possano avere lo stesso livello di consumo e di spreco che hanno le più opulente società occidentali? Sarà mai possibile? O dovremo forse, un giorno o l'altro, cambiare tipo di discussione?

Perché abbiamo creato una civiltà, quella in cui viviamo, figlia del mercato, figlia della concorrenza e che ha generato un progresso materiale portentoso ed esplosivo. Ma ciò che è nato

---

[14] "La felicità al potere" José Pepe Mujica ed. Eir

come economia di mercato, è diventato società di mercato. E ci ha offerto questa globalizzazione, che significa doversi occupare per tutto il pianeta.

Stiamo governando la globalizzazione o è la globalizzazione a governarci? È possibile parlare di solidarietà e di unione in un'economia basata su una concorrenza spietata? Fino a dove arriva la nostra fratellanza?

Quello che dico non vuol negare l'importanza di questo evento. Al contrario: la sfida che abbiamo davanti è di una magnitudo di carattere colossale e la grande crisi non è ecologica, è politica. Oggi l'uomo non governa le forze che ha scatenato, ma sono quelle forze che governano l'uomo e la nostra vita.

Perché non siamo venuti al mondo per svilupparci soltanto, così, in termini generali, ma veniamo alla vita per cercare di essere felici. Perché la vita è corta e se ne va. E nessun bene vale come la vita, questo è elementare! Però se la vita mi scappa via, lavorando e lavorando per consumare di più, allora la società del consumo ne è il motore.

Perché in definitiva, se il consumo si paralizza o si blocca, si rallenta l'economia, e se si rallenta l'economia appare il fantasma della stagnazione per ognuno di noi. Ma è proprio l'iperconsumo che sta aggredendo il pianeta, e quell'iperconsumo genera cose che durano poco, perché bisogna vendere molto.

E allora una lampadina elettrica non può durare più di 1000 ore accesa, però esistono lampadine che possono durare 100mila - 200mila ore accese! Però non si possono produrre perché il problema è il mercato, perché dobbiamo lavorare e sostenere una civiltà dell'usa e getta, e così ci troviamo in un circolo vizioso.

Questi sono problemi di carattere politico che ci stanno indicando che è ora di iniziare a lottare per un'altra cultura. Non si tratta di voler ritornare all'uomo delle caverne, né di erigere un monumento al passato, e tuttavia non possiamo continuare ad essere indefinitamente governati dal mercato, ma dobbiamo governare noi il mercato.

Per questo dico che il problema è di carattere politico. Gli antichi pensatori – Epicuro, Seneca, gli Aymara – dicevano: "Povero non è colui che possiede poco; povero è, in realtà, colui che ha infinitamente bisogno di molte cose, colui che desidera, desidera, desidera, ancora e ancora". Questa è una chiave di lettura di carattere culturale.

Voglio dunque salutare lo sforzo, gli accordi che si stringono e, come Presidente, accompagnerò tutto questo. E li appoggerò, come governante. So che alcune delle cose che sto dicendo "stridono", ma dobbiamo renderci conto che la crisi dell'acqua e dell'aggressione all'ambiente non sono una causa. La causa è il modello di civiltà che abbiamo costruito e ciò che dobbiamo rivedere è il nostro modo di vivere.

Appartengo ad un piccolo paese molto ben dotato di risorse naturali per vivere. Nel mio paese vivono poco più di 3 milioni di persone e ci sono 13 milioni di vacche, delle migliori al mondo. E 10 milioni di capre stupende. Il mio paese è esportatore di cibo, latticini, carne. È un territorio pianeggiante con quasi il 90% del territorio fertile.

I miei compagni lavoratori hanno lottato molto per le otto ore di lavoro e adesso stanno per ottenerne sei! Però chi ha le sei ore, si trova un altro lavoro, e quindi lavora più di prima. E perché? Perché deve pagare una serie di rate: per la moto, l'automobile. E così paga e paga rate finché si ritrova ad essere vecchio e reumatico, come me, a cui se ne è andata la vita.

Allora viene da chiedersi: è questo il destino della vita umana? Queste cose che dico sono molto elementari. Lo sviluppo non può andare contro la felicità, ma deve essere a favore della felicità umana, dell'amore sulla Terra, delle relazioni umane, delle cure ai figli, dell'avere amici, dell'avere il necessario. Proprio così, perché il tesoro più importante che abbiamo è la felicità. Quando lottiamo per l'ambiente, il primo elemento dell'ambiente naturale si chiama "felicità umana". Grazie."

Arriviamo così a settembre del 2015 quando a New York si apre la 70° Assemblea delle Nazioni Unite. Dopo un lavoro estenuante di un Open Working Group durato alcuni anni e tenuto conto degli obiettivi del Millennio che sarebbero scaduti proprio in quell'anno, il 27 settembre i delegati dei 193 paesi membri dell'Onu approvano all'unanimità il documento finale dal titolo: *Trasformare il nostro mondo. L'agenda 2030 per lo sviluppo sostenibile.* L'agenda è il nuovo piano di azione, ambizioso, che contiene 17 obiettivi per uno sviluppo sostenibile e i 169 *target* (traguardi) da realizzarsi entro i prossimi 15 anni (2030). I 17 obiettivi si raggruppano in quelle 5 aree ben definite, che sono state chiamate le 5P: Persone, Pianeta, Prosperità, Pace e Collaborazione (Partnership).

Figura 8 Le cinque P

Vediamo quali sono questi obiettivi, cosa comportano a livello economico, sociale e ambientale e la situazione attuale dei vari paesi, con particolare riferimento all'Italia per quanto riguarda il raggiungimento di ogni singolo obiettivo.

Figura 9 | 17 Obiettivi per lo sviluppo sostenibile.

Obiettivo n. 1 Povertà zero

La povertà va ben oltre al fatto di non avere risorse finanziarie sufficienti a condurre una vita dignitosa. Lo ricordava sopra Pepe Mujica nel suo discorso: è assolutamente inutile accumulare denaro per soddisfare desideri effimeri, (o come ci ricorda Epicuro) desideri non necessari e non vitali. Qui però parliamo di povertà assoluta, di chi vive con un dollaro al giorno o poco più, di chi è escluso da tutti i processi decisionali, che non ha accesso ai servizi sociali di base come istruzione, acqua, cibo, sanità, casa. Quelle persone che nei paesi più poveri sono costrette a scappare per trovare condizioni migliori di vita e nei paesi sviluppati sono dei "rifiuti umani" che vivono sotto i ponti, avvolti di stracci e di cartoni. Sono circa 836 milioni le persone che vivono in estrema povertà e si concentrano soprattutto in Asia Meridionale e nell'Africa subsahariana. E questo dato sulla povertà estrema stride ancora di più se andiamo a leggere l'ultimo rapporto Oxfam, una confederazione internazionale composta da 18 organizzazioni no profit con la missione di ridurre la povertà globale, rapporto che ci dice come circa 26 persone nel mondo possiedono una ricchezza superiore a quella di tutta la metà della popolazione (circa 3,8 miliardi di persone). E anche in Italia la situazione non cambia di molto perché il 20% delle persone più ricche detiene il 72% della ricchezza nazionale, il successivo 20% detiene un altro 15,6% della ricchezza totale, lasciando al 60%

della popolazione restante il 12,4% di ricchezza rimasta. E l'emergenza sanitaria da Covid non ha certo migliorato la situazione. Le misure politiche di contenimento della povertà come reddito di inclusione e reddito di cittadinanza hanno attenuato le situazioni più gravi, ma non hanno ancora risolto il problema. A livello mondiale la situazione si può considerare risolta in alcuni paesi del nord Europa e dell'Asia (Cina) dove un numero sempre maggiore di persone sta venendo fuori da una situazione di estrema povertà.

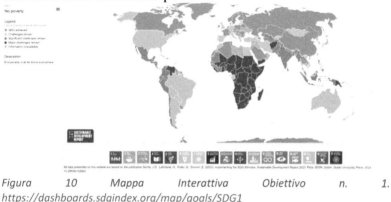

Figura   10   Mappa   Interattiva   Obiettivo   n.   1.
https://dashboards.sdgindex.org/map/goals/SDG1

Guardando la mappa interattiva qualche dubbio sulla contabilità statistica di alcuni stati come Bielorussia, Ucraina, Kazakhstan sorge, ma non voglio entrare nel merito e vi riporto la mappa aggiornata in cui le zone di colore verde hanno raggiunto l'obiettivo n. 1 dell'Agenda 2030.

Obiettivo n. 2 Fame zero.
Anche il secondo obiettivo dell'Agenda è molto ambizioso e si propone di ridurre a zero la fame nel mondo, raggiungere la sicurezza alimentare, migliorare la nutrizione e promuovere un'agricoltura sostenibile. Ancora oggi nel 2021 ci sono nel mondo 852 milioni di persone denutrite e molti di questi sono bambini. Inoltre ogni anno oltre 5 milioni di persone muoiono a causa della fame. Un bambino su quattro soffre di ritardo nella crescita, nei paesi in via di sviluppo questa proporzione aumenta a un bimbo su tre. La malnutrizione provoca la morte del 45% dei bambini al di sotto dei 5 anni per un totale di oltre tre milioni di bambini all'anno. Dobbiamo senz'altro

considerare un nuovo modello di produzione e sviluppo, e soprattutto un nuovo modo di coltivare e consumare il cibo ottenuto attraverso l'agricoltura, la silvicoltura e la pesca. Qui l'impronta ecologica dell'uomo si fa sentire in maniera consistente e i cambiamenti climatici stanno esercitando pressioni crescenti sulle risorse disponibili. Gli eventi climatici estremi, sempre più frequenti, stanno mettendo in serio pericolo la biodiversità delle specie animali, aumentando i rischi di disastri ambientali quali siccità e alluvioni. L'obiettivo n. 2 si propone di porre fine alla fame entro il 2030 e di assicurare a tutti e in particolare alle persone più povere, cibo nutriente e sufficiente per tutto l'anno. Raddoppiare la produttività agricola e il reddito dei produttori di cibo su piccola scala e soprattutto delle donne, dei popoli indigeni, pastori e famiglie degli agricoltori. Garantire la biodiversità delle sementi e delle piante coltivate, nonché degli animali di allevamento e delle specie selvatiche. Infine contribuire attraverso la ricerca a forme di produzione agricole resilienti, in grado di garantire una maggiore produttività e capacità di adattamento ai cambiamenti climatici.

Proprio in questi giorni (26-28 luglio 2021) a Roma si è tenuto un pre-summit sui sistemi alimentari e il presidente Mario Draghi ha sottolineato che l'emergenza sanitaria da covid ha rallentato il raggiungimento degli obiettivi dell'Agenda 2030 per lo Sviluppo Sostenibile delle Nazioni Unite e che la pandemia ha spinto altri 130 milioni di persone al di sotto della soglia di povertà. Sarà necessario agire con determinazione per migliorare l'accesso di queste persone malnutrite che nel mondo sono circa 800 milioni, ad una quantità adeguata di approvvigionamenti alimentari. Occorre anche maggiori finanziamenti da parte dei governi degli stati più sviluppati e migliorare l'accesso al credito soprattutto dei piccoli agricoltori. Vediamo a che punto siamo nel mondo:

Figura 11 Mappa Interattiva Obiettivo n. 2
https://dashboards.sdgindex.org/map/goals/SDG2

A vedere dai colori sulla mappa siamo ancora molto lontani per raggiungere questo obiettivo e sia nei paesi sviluppati che nei paesi in via di sviluppo, la malnutrizione e l'accesso al cibo è ancora assente. Tutto questo determina uno spostamento di masse di persone dalle aree maggiormente colpite dalla siccità e dai cambiamenti climatici verso le aree che possono garantire un accesso maggiore al cibo e alle risorse agricole. La ricerca scientifica e la conoscenza tecnologica possono agevolare una maggiore produttività e una maggiore tutela della biodiversità, ma dobbiamo tenere in debita considerazione il fatto che la cementificazione del terreno deve assolutamente diminuire se vogliamo far *respirare* meglio il pianeta. La distruzione di intere aree boschive, come da tempo gli indigeni dell'Amazzonia denunciano, di sicuro non sta migliorando la situazione e la siccità sta provocando una distruzione di suolo che sarà difficile recuperare a coltivazioni agricole.

Obiettivo n. 3 Assicurare la salute e il benessere per tutti e per tutte le età

Qui tocchiamo un argomento molto attuale, vista la recente pandemia da Covid-19 scoppiata nel 2020 a Wuhan, diffusasi successivamente in tutto il mondo provocando quasi 4 milioni di morti e ancora in corso con le numerose varianti e le vaccinazioni di massa. Tuttavia sono abbastanza sicuro che se continueremo a maltrattare il nostro pianeta e a sfruttare il sistema animale e vegetale come abbiamo fatto fino ad ora, avremo altre pandemie e altri disastri umani. Il terzo obiettivo vuole ridurre entro il 2030 la mortalità infantile a meno di 70 per ogni 100.000 bambini nati e porre fine alle varie epidemie di AIDS, tubercolosi, malaria e altre malattie tropicali e prevenirne di nuove. La crisi sanitaria che si è verificata nella primavera del 2020 ha evidenziato la fragilità dell'intero genere umano e anche dopo la scoperta del vaccino si pone il problema che una vasta parte della popolazione mondiale non ha accesso alla produzione e alla somministrazione di tale farmaco. Si sta discutendo in questi giorni se sia giusto che le multinazionali farmaceutiche, una volta che hanno ottenuto le sovvenzioni per la ricerca e la produzione del vaccino debbano ottenere ritorni economici consistenti dalla proprietà dei brevetti o se non sia più giusto revocare tale beneficio a vantaggio di quei paesi che non hanno le strutture e le capacità produttive di ottenere il vaccino anticovid.

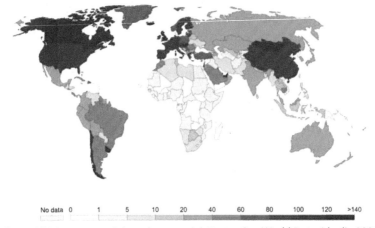

Figura 12 Mappa somministrazione vaccini. Fonte: Our World Data 4 luglio 2021

Altri obiettivi da raggiungere sono quelli di conseguire una copertura sanitaria universale e l'accesso ai servizi essenziali di assistenza sanitaria, specialmente in quelle aree del mondo più fragili in cui le condizioni di igiene e le strutture sanitarie sono inesistenti. Vediamo a che punto siamo:

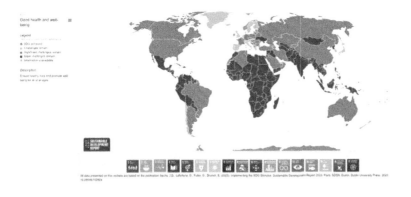

Figura 13 Obiettivo n. 3 Salute e Benessere.
https://dashboards.sdgindex.org/map/goals/SDG3

A parte Norvegia e Australia, le sfide per raggiungere questo obiettivo sono ancora aperte anche in quei paesi ricchi come gli Stati Uniti in cui l'accesso al servizio sanitario pubblico rimane ancora appannaggio di pochi possessori di assicurazioni sanitarie private. In Italia, proprio nei giorni più bui della pandemia, ci siamo resi conto di cosa significa la sanità pubblica e di quanto siano state scellerate le politiche di tagli generalizzati effettuate dai governi passati.

Obiettivo n. 4 Istruzione di qualità.

L'obiettivo si prefigge di raggiungere entro il 2030 un'educazione di qualità, equa, inclusiva e universale, perché rappresenta la base per migliorare la qualità della vita e raggiungere uno sviluppo sostenibile. Su questo punto sarei anche per puntare ad una formazione continua e universale che possa essere erogata a tutti dalla nascita alla morte, o per dirla nella maniera anglosassone: *"dalla culla alla tomba"*. La cosiddetta formazione delle tre "L": *life long learning.* Sono stati raggiunti nel XX secolo importanti traguardi soprattutto nei paesi più sviluppati per garantire un'educazione paritaria a bambine e bambini, allargando il livello base dell'istruzione a tutta la popolazione giovanile. Tuttavia occorre fare ulteriori sforzi sia nei paesi in via di sviluppo che nei paesi sviluppati, dove ancora troppe persone non hanno accesso alle scuole primarie e secondarie o che molto più spesso abbandonano gli studi precocemente. Da numerosi sondaggi svolti tra la popolazione italiana si evince quanto numerose persone abbiano difficoltà a comprendere un testo scritto, a leggere un estratto conto bancario o una bolletta della luce. Quindi occorre una maggiore alfabetizzazione e una maggiore educazione su più temi (sociale, economico, finanziario) che possa coinvolgere più persone possibili. È sempre meglio avere un vicino di casa istruito ed educato che uno ignorante! La cosa fondamentale è garantire un'uguaglianza di genere nell'istruzione e un accesso equo a tutti i livelli di istruzione e di formazione professionale. Questo processo ha l'obiettivo di portare le conoscenze e le competenze necessarie per uno sviluppo sostenibile, il rispetto dei diritti umani e la promozione di una cultura pacifica e non violenta. Vediamo dalla infografica come siamo messi:

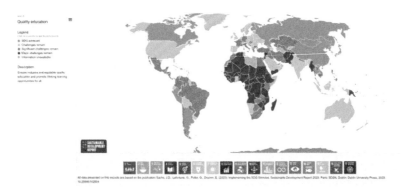

Figura 14 Obiettivo n. 4 Istruzione di qualità.
https://dashboards.sdgindex.org/map/goals/SDG4

Sono finalmente contento di vedere il colore verde più diffuso rispetto agli altri grafici visti fino ad ora! Numerosi paesi infatti hanno archiviato questo obiettivo e stanno offrendo ai propri cittadini un'educazione di qualità. Tra questi paesi ci sono alche alcuni stati del sud come Equador, Perù, Arabia Saudita e Oman. Purtroppo ci sono ancora paesi europei e americani i cui target non sono stati ancora raggiunti. In Italia poi abbiamo un dato sui giovani che è veramente indegno: il fenomeno dei Neet (not in employment, education or training), ovvero i giovani che non studiano, non hanno un impiego e non stanno svolgendo un corso di formazione. Stando agli ultimi dati eurostat i giovani Neet italiani tra i 20 e i 34 anni sono al 28,9% quasi il doppio della media europea. Partecipo oramai da anni come formatore al progetto di educazione finanziaria per i ragazzi delle terze, quarte e quinte delle scuole medie superiori ideato da Anasf, l'associazione di categoria dei consulenti finanziari e da Progetica, società di consulenza indipendente. In questi anni ho avuto il piacere di incontrare molti giovani e vivo con loro le emozioni e anche lo stupore per un'educazione che si discosta molto da quella a cui sono abituati giornalmente dalla didattica tradizionale.

Obiettivo n. 5 Parità di genere.

L'obiettivo è quello di raggiungere l'uguaglianza di genere ed emancipare tutte le donne e le ragazze. Il mondo ha fatto notevoli passi in avanti già con gli obiettivi del Millennio e in molti paesi, anche in via di sviluppo, si è garantito l'accesso all'istruzione primaria per ragazze e ragazzi. Circa due terzi dei Paesi in via di sviluppo infatti hanno raggiunto la parità di genere nell'istruzione primaria, ma resta ancora molto da fare per garantire una vera parità di genere, che non è solamente un diritto umano fondamentale, ma una condizione necessaria per garantire un mondo sostenibile e in pace. Oltre a garantire l'accesso all'istruzione occorre garantire la parità di accesso alle cure mediche e ad un lavoro dignitoso e non discriminatorio. Infine occorre che la parità di genere sia raggiunta anche nei processi decisionali, politici ed economici, e non si tratta solamente di rispettare delle "quote rosa", ma di garantire che non ci siano discriminazioni o pregiudizi nei confronti delle donne e delle giovani. In molti paesi del Africa subsahariana, ma anche in molti paesi oramai sviluppati, il ruolo della donna è relegato alla dea Estia, la regina del focolare e spesso subisce ingiurie e maltrattamenti anche in questo ruolo. È proprio di questi giorni la notizia di cronaca relativa alla sparizione della diciottenne pachistana Saman Abbas e si teme che possa essere stata uccisa dalla famiglia per aver rifiutato un matrimonio combinato dai genitori. E non si tratta solo della diffidenza che noi italiani abbiamo nei confronti di una religione diversa da quella cattolica, poco conosciuta e spesso interpretata dagli stessi credenti in maniera dubbia, ma anche da un retaggio culturale di una legge che fino a quattro decenni fa, prevedeva che un uomo, marito o padre, potesse uccidere la moglie o la figlia ree di aver infranto l'onore della famiglia, o comunque di ottenere delle attenuanti molto forti rispetto ad un normale omicidio. La legge sul delitto d'onore fu abrogata in Italia solamente il 5 agosto del 1981. Per raggiungere una vera parità di genere occorre agire nel campo dell'istruzione, dell'occupazione e delle infrastrutture sociali ha detto il Presidente Ursula von der Leyen, intervenendo con un video messaggio all' evento Women 20 a Roma nel luglio 2021: *"dobbiamo portare la voce delle donne al tavolo dei decisori e abbiamo bisogno delle migliori idee politiche in modo che sempre più donne in tutto il mondo possano ottenere le giuste opportunità e alla fine raggiungere le posizioni di leadership che meritano"*. E lo stesso premier Mario Draghi ha ricordato che siamo ben lontani dal realizzare una vera e propria parità di genere, e ha invitato governi e imprese a lavorare ulteriormente: i primi rafforzando i servizi per l'infanzia e i secondi adattando i propri luoghi di lavoro alle esigenze delle madri lavoratrici. La sede amministrativa di una nota azienda tessile italiana ha al proprio interno un asilo nido gratuito che le madri lavoratrici utilizzano ben volentieri e vi giuro che è veramente bello vedere alla fine del turno le mamme che prima di uscire dal lavoro passano a riprendere i propri figli per ritornare a casa.

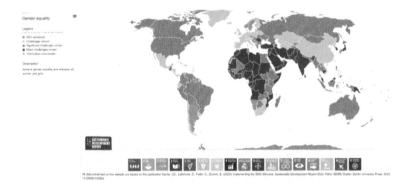

Figura 15 Obiettivo n. 5 Parità di genere.
https://dashboards.sdgindex.org/map/goals/SDG5

Dall'infografica sopra riportata si può notare che oltre alla Norvegia e alla Svezia ci sono anche due nazioni che appartengono al sud del mondo che hanno raggiunto l'obiettivo e i suoi target: Argentina e Namibia. Devo ammettere che ho provato un po' di stupore nel vedere questi due paesi aver archiviato tale risultato, ma leggendo un po' di storia dell'Argentina e soprattutto della Namibia mi sono reso conto che i vari obiettivi proposti dalle Nazioni Unite come agenda da realizzare entro il 2030 sono realizzabili in qualsiasi angolo del mondo, ricco o povero, purché non manchi la volontà politica. La repubblica di Namibia è nata nel 1990 dopo una guerriglia indipendentista contro il Sudafrica portata avanti dall'organizzazione di ispirazione marxista Swapo. Il partito, una volta conquistata l'indipendenza dal Sudafrica, ha abbandonato le politiche e le ideologie più estreme del marxismo e ha intrapreso delle politiche democratiche che conservano culture e tradizioni coloniali (di origine tedesca) e culture indigene di numerose etnie in un territorio talmente vasto da riportare una densità abitativa di appena 3,3 persone per chilometro quadrato. In molti paesi subsahariani l'istruzione delle figlie è vista come un qualcosa di inutile e dannoso: le ragazze si sposano in giovane età e il loro ruolo è quello di accudire la casa, il marito e i figli. Di conseguenza quello che le figlie apprendono stando a casa accanto alla propria madre è molto più importante di quello che possono apprendere a scuola. "Le ragazze che vanno a scuola devono fare i conti con un grave problema (spiega un padre di famiglia etiope): non possono trovare marito. Non hanno opportunità di impiego. Non possono rimanere con la loro famiglia perché getterebbero discredito su di essa. L'unica alternativa per loro è andare a vivere in città dove possono solo condurre una vita miserabile".[15] In Namibia, come in altri paesi del Sud Africa,

---

[15] *Girls and schooling in Ethiopia* Christine Heward e Sheila Bunwaree

hanno creduto nell'istruzione e nell'importanza che l'accesso all'educazione alle bambine e ai bambini ha per la società nel suo complesso e soprattutto per creare delle donne e degli uomini che possano affrontare meglio la propria vita futura, migliorandola.

Obiettivo n. 6 Acqua pulita e servizi igienico-sanitari.

Il mondo in cui vorremmo vivere è quello in cui tutti abbiano accesso ad acqua pulita e a servizi igienici di base. Il nostro pianeta ha le risorse sufficienti per raggiungere tale obiettivo. Purtroppo ancora oggi milioni di persone, di cui la gran parte bambini, muoiono per malattie legate alla scarsità di acqua potabile e di servizi igienici di base. Ad oggi circa 790 milioni di persone non hanno accesso ad acqua potabile. In questo obiettivo dobbiamo ricomprendere che la maggior parte delle acque di scarico prodotte da attività umane sono riversate nei fiumi e nei mari senza sistemi di depurazione, per non parlare di casi di contaminazione delle acque da parte di alcune aziende che non hanno scrupoli a disfarsi dei loro veleni. Nell'ambito di un'inchiesta sullo smaltimento illegale di rifiuti tossici e sui presunti legami con la 'ndrangheta si presume che nella zona dell'empolese dove è sorta la nuova strada regionale 429 siano stati interrati dei rifiuti tossici che potrebbero inquinare le falde acquifere. L'Arpat sta facendo dei campioni sui pozzi per verificare l'inquinamento delle acque. Tutti poi ricorderete il film Erin Brockovich con Julia Roberts che racconta la storia di questa attivista statunitense che nel 1993 intentò con successo una causa milionaria alla Pacific Gas & Electric per la contaminazione con cromo esavalente delle acque della città di Hinklei in California, ottenendo uno dei più grandi risarcimenti della storia degli Stati Uniti. E ancora più recente il film "Cattive acque" uscito in Italia nel 2020 del regista Todd Haynes, tratto da una storia vera in cui un giovane avvocato (Robert Billot) diventa socio in un grande studio che ha tra i suoi clienti numerose aziende chimiche tra le quali la Dupont. Nel film, un vecchio allevatore di vacche malvestito e puzzolente si presenta allo studio e chiede di poter parlare con Robert Billott: intende fare causa proprio alla Dupont, una delle più grandi aziende chimiche del North Virgina, perché secondo lui i rifiuti dell'impresa stanno uccidendo le sue vacche. Dopo qualche imbarazzante indecisione il giovane avvocato scopre che per oltre 50 anni l'azienda Dupont ha sversato nei terreni sottostanti l'acido perfluoroottanoico (Pfoa) che è una sostanza che non si diluisce nell'acqua e che veniva usata per rendere le padelle antiaderenti. Tra l'altro la stessa sostanza è stata utilizzata e smaltita nei terreni e nelle acque circostanti da moltissime aziende nel Veneto.

Vediamo come siamo messi nel mondo per l'obiettivo n. 6:

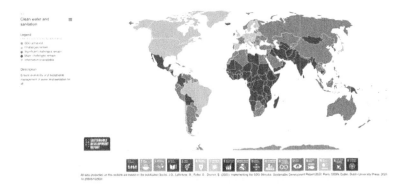

Figura 16 Obiettivo n. 6 Acqua pulita e servizi igienico-sanitari.
https://dashboards.sdgindex.org/map/goals/SDG6

Nonostante i miglioramenti nei paesi del nord e in quelli maggiormente sviluppati in cui un numero sempre maggiore di persone hanno accesso all'acqua potabile e ai servizi igienici di base, tutto il sud del mondo, rappresentato dal continente africano e indiano, hanno il problema dell'acqua ancora irrisolto. E i paesi che hanno archiviato l'obiettivo sono veramente pochi: Finlandia, Repubblica Ceca e Croazia. Secondo un rapporto di Unicef, nel mondo una persona su tre non ha accesso all'acqua e ai servizi igienici di base ovvero circa 2 miliardi di persone non dispone di acqua potabile e circa 3 miliardi non hanno la possibilità di un gesto semplice, ma che è diventato importantissimo, come lavarsi le mani. In molti paesi poveri le persone si dissetano da fonti non controllate, in alcuni casi vere e proprie pozzanghere contaminate e i bambini che vivono in queste comunità povere sono i soggetti più a rischio: *"Se l'acqua non è pulita, non è sicura da bere o è troppo distante, e se l'accesso a un gabinetto non è in sicurezza o è limitato, non stiamo ottenendo risultati utili per i bambini nel mondo"* ha affermato il Direttore dell'Unicef Kelly Ann Naylor. Anche in Italia e in molte famiglie contadine fino agli anni '70 non c'erano i servizi igienici in casa e si era costretti a espletare i vari bisogni corporali all'aperto. Il famoso detto in Toscana: "io scendo in campo", ripreso da un noto politico italiano, era il nostro odierno modo di dire "io vado in bagno".

Obiettivo n. 7 Energia pulita e accessibile.

L'energia è alla base di tutto lo sviluppo umano e, fin dai tempi antichi, l'uomo ha cominciato ad utilizzare l'energia per produrre, scaldarsi, procurarsi il cibo e lavorare la terra. Nel momento in cui l'uomo è stato scacciato dal paradiso terrestre ha iniziato ad utilizzare l'energia, rappresentata inizialmente dalla propria forza, e a imprimere l'impronta ecologica sul pianeta. All'inizio l'uomo ha cominciato ad utilizzare l'energia prodotta dall'acqua e dal vento e quindi l'impronta ecologica sul globo era molto leggera. Poi con la prima e la seconda rivoluzione industriale, l'utilizzo dell'energia ha sfruttato fonti come legna, carbone, petrolio e nucleare, contribuendo ad una maggiore impronta ecologica. Oggi sappiamo che l'energia che utilizziamo è il principale responsabile del cambiamento climatico e delle emissioni di gas serra. Il focus principale di questo obiettivo è garantire a tutti l'accesso a sistemi di energia efficienti e affidabili, ma anche utilizzare sistemi energetici sostenibili e fonti energetiche rinnovabili come l'eolico e il solare, eliminando invece carbone e petrolio. E dobbiamo farlo subito, non possiamo aspettare altri anni: se vogliamo decarbonizzare il mondo nel 2050 non possiamo cominciare ad agire nel 2049 perché i tempi di reazione geologici sono molto lenti e rischiamo che sia troppo tardi per il pianeta e soprattutto per i suoi abitanti. Vediamo come siamo messi:

Figura 17 Obiettivo n. 7 Energia pulita e accessibile.
https://dashboards.sdgindex.org/map/goals/SDG7

Molte più aree verdi si trovano nell'infografica rispetto ad altri obiettivi dell'Agenda 2030, perché molti paesi hanno compreso l'importanza di non oltrepassare un determinato limite di concentrazioni di CO_2. Il prezzo da pagare se non rispettiamo tali limitazioni, sono i numerosi eventi catastrofici cui ogni giorno assistiamo e che provocano disastri ambientali e mietono vittime umane. La diminuzione dei costi e le nuove tecnologie hanno sicuramente avvantaggiato la produzione di energia da fonti rinnovabili, però occorre fare ancora molto, perché secondo il rapporto pubblicato il 20 aprile 2021 dal World Economic Forum nel 2018, l'81% dell'energia mondiale è ancora prodotta da combustibili fossili e le emissioni di gas serra sono aumentate fino a tutto il 2019 per poi arrestarsi soltanto durante il 2020 con la chiusura delle attività produttive a causa del Covid-19. Secondo la Energy transition index (Eti) che attesta i miglioramenti dei sistemi energetici dei vari paesi, ai primi posti troviamo Svezia, Norvegia e Danimarca, mentre l'Italia si trova al 27° posto. Purtroppo nonostante i miglioramenti nelle infrastrutture elettriche ci sono ancora circa 800 milioni di persone che non hanno accesso all'elettricità. Alcuni dati curiosi: mancano 15.306 giorni alla fine del petrolio (circa 42 anni) a meno che non si trovino altri giacimenti e mancano ancora 148.420 giorni alla fine del carbone (circa 406 anni)[16], ma dobbiamo fare uno sforzo per

---

[16] *https://www.worldometers.info/it/*

smettere di usare queste due fonti energetiche in favore di quelle meno inquinanti.

Obiettivo n. 8 Lavoro dignitoso e crescita economica.

Dobbiamo mettere in conto un nuovo modo di produrre e di consumare: il vecchio modello capitalista che prevedeva di produrre, consumando le materie prime e le risorse naturali con l'unico obiettivo di massimizzare il profitto a qualsiasi costo, sta per lasciare il posto ad un nuovo modello di produzione e di crescita economica sostenibile, circolare ed inclusiva che crea valore per tutti i soggetti coinvolti e per la società nel suo insieme. La teoria economica neoclassica si basa esclusivamente su un uomo alla ricerca del guadagno personale, indifferente alle sofferenze altrui, egoista, e che vede negli altri dei potenziali nemici o concorrenti; secondo alcuni l'egoismo è la virtù più alta dell'uomo capitalista. Come ci ricorda Muhammad Yunus[17] però, nel mondo ci sono anche uomini e donne reali che a volte sono *premurose, fiduciose e altruiste.* Altrimenti non si spiegherebbero alcune mansioni difficili che alcuni si accollano pur potendo scegliere altri lavori, come chi sceglie di lavorare come maestri di scuola, infermieri (tanto onorati durante la fase acuta dell'odierna pandemia), operatori sociali e tanti altri lavori che lasciano da parte l'egoismo e la massimizzazione del profitto a tutti i costi per dedicarsi al benessere degli altri. Occorre poi ricordare che fin dalla nascita abbiamo tutti una scelta e che non è detto che dobbiamo svolgere un lavoro alle dipendenze di altri, anzi probabilmente i nostri antenati erano i primi veri imprenditori e quando uscivano dalle loro grotte per andare a cacciare si assumevano tutti i rischi e i benefici di un lavoratore autonomo. Quindi, mi rivolgo soprattutto ai giovani di oggi, sappiate che in ambito lavorativo potete scegliere se essere dei lavoratori dipendenti oppure creare una vostra occupazione, una vostra impresa. Per raggiungere questo obiettivo, strettamente collegato all'obiettivo n. 1 (ridurre la povertà), occorre creare le condizioni per una crescita economica di qualità e circolare,

---

[17] *Un modo a tre zeri – Ed. Feltrinelli*

attenta all'uso corretto delle risorse naturali e delle energie rinnovabili, e che vada a privilegiare la produzione di beni e non solamente di merci. Lo sappiano ormai da diversi anni, il primo fu Robert Kennedy a denunciare l'inefficacia del Pil che misura *tutto ciò per cui non vale la pena di vivere,* che il Pil non racconta tutta la storia, ma solamente una parte: quella che presenta uno scambio monetario. Ci sono invece tante altre attività apprezzate dal genere umano che non hanno un prezzo e quindi non sono conteggiate nel Pil, e tante altre come l'inquinamento, l'acquisto di armi, gli incidenti stradali che danneggiano la salute delle persone e fanno salire quel misuratore per la gioia di tanti economisti. A dire il vero qualcosa è stato fatto: in Italia oramai da un decennio si usa il Bes (Benessere equo e sostenibile), un indice sviluppato da Istat e da Cnel che misura la crescita di un paese non solo in maniera quantitativa, ma con indicatori qualitativi di sostenibilità per l'ambiente e per il sociale. Inoltre dovremo fare i conti nei prossimi decenni del progresso tecnologico e della possibilità che l'intelligenza artificiale possa sostituire in tutto o in gran parte il lavoro umano, lasciando un numero sempre maggiore di persone senza un'occupazione. Agli inizi del Novecento l'imprenditore Henry Ford, fondatore dell'omonima casa automobilistica, fu accusato di essere un comunista perché decise di aumentare lo stipendio ai propri dipendenti di 5 dollari al giorno, un livello di salario molto più alto degli altri operai. In realtà Henry Ford aveva ben compreso il patto che sta alla base di una società capitalista: permettere anche ai propri dipendenti l'acquisto di un'auto che loro stessi producevano. E così una parte di quell'aumento sarebbe ritornato in azienda sotto forma di utile. Nel momento in cui in un prossimo futuro quelle stesse auto saranno prodotte dall'intelligenza artificiale senza l'ausilio del capitale umano, chi si comprerà quelle auto? Probabilmente nessuno, a meno che il costo di quelle stesse auto non sia prossimo allo zero. E cosa faremo nel maggior tempo libero che avremo a disposizione? Non potremo passare tutto il giorno a giocare alla playstation! Probabilmente faremo come gli antichi greci, che passavano gran parte del giorno a leggere, istruirsi e a filosofeggiare: loro avevano gli schiavi che lavoravano per loro e noi avremo i robot che lavoreranno per noi.

Vediamo l'infografica globale relativa a questo obiettivo:

Figura 18 Obiettivo n. 8 Lavoro dignitoso e crescita economica.
https://dashboards.sdgindex.org/map/goals/SDG8

A parte Repubblica Ceca e Slovenia che hanno già archiviato l'obiettivo, tutti gli altri paesi sono ancora molto indietro. Ci sono molte persone che non hanno un lavoro e che vivono in estrema povertà e nonostante le misure di supporto effettuate per fronteggiare la pandemia, la situazione in molti paesi, anche sviluppati, si è aggravata. In Italia abbiamo poi il fenomeno dei nostri giovani disoccupati, che fanno fatica ad entrare nel mondo del lavoro, che non studiano e non si formano (Neet), come ho descritto nelle pagine sopra. Alcune formazioni politiche hanno proposto una patrimoniale che andrebbe a colpire i grandi patrimoni sopra i 500.000 euro per finanziare un fondo per i giovani, una sorta di anticipo della successione di patrimoni che in ogni caso avrebbero con il normale passaggio generazionale. Durante la pandemia abbiamo imparato a lavorare *"smart"* e credo che una volta terminata l'emergenza sanitaria sia importante rivalutare questo tipo di contrattazione collettiva e forma del lavoro che dovrebbe facilitare molto i giovani. Sicuramente è stata una grande novità per tutti poter lavorare da casa, senza spostamenti snervanti, soprattutto nelle grandi città, con minore inquinamento, minore traffico e minori costi. Quello che più è mancato è stato il contatto sociale con gli altri colleghi di lavoro e tutto l'indotto (bar, ristoranti, mense) che ruota attorno alle concentrazioni produttive (aree industriali e commerciali). Dobbiamo, soprattutto in Italia, utilizzare le risorse finanziarie introdotte dall'Unione Europea per adottare uno sviluppo economico circolare e di qualità creando le infrastrutture energetiche e tecnologiche necessarie a coinvolgere maggiormente le donne e i giovani.

Obiettivo n. 9 Imprese, innovazione e infrastrutture.

Questo obiettivo riguarda gli investimenti in infrastrutture fisiche come strade e ponti, ma anche infrastrutture relative alle comunicazioni e all'energia. Basti pensare solamente al passaggio dalla modalità a combustibile fossile a quella elettrica nel settore della mobilità per immaginare tutta una serie di infrastrutture (colonnine elettriche di ricarica) da progettare e mettere a terra. Le infrastrutture di un paese sono cruciali nello sviluppo sostenibile di una comunità. È difficile immaginare uno sviluppo sostenibile senza infrastrutture e senza tecnologia e innovazione. Eppure nel mondo ci sono circa 2,6 miliardi di persone che non hanno accesso all'elettricità e dove non esistono strade, autostrade e neanche infrastrutture di comunicazioni decenti (rete telefonica e internet).

Vediamo come siamo messi nel mondo per questo obiettivo di sviluppo sostenibile:

Figura 19 Obiettivo n. 9 Imprese, innovazione, infrastrutture - https://dashboards.sdgindex.org/map/goals/SDG9

Solo Giappone, Gran Bretagna e Svezia hanno archiviato l'obiettivo n. 9. Gli altri stati compreso l'Italia devono fare ancora molti passi per raggiungere l'obiettivo e i vari target. Occorre soprattutto sviluppare l'innovazione e la conoscenza sui nuovi prodotti. Ad esempio si sta scoprendo l'utilità del grafene, un materiale che consente di poter ottenere delle batterie per i nostri cellulari più efficienti oppure per auto elettriche che si ricaricano non dopo 200 chilometri, ma dopo 1000. Tutti fattori importanti non solo per questo obiettivo di sostenibilità ma anche per gli altri. La conoscenza ancora una volta ci può consentire di superare alcuni limiti nella disponibilità di risorse naturali e di energia.

Obiettivo n. 10 Ridurre le disuguaglianze.

L'obiettivo si prefigge di ridurre le disuguaglianze all'interno di ogni singolo paese e tra i vari paesi. L'obiettivo è molto collegato alla riduzione della povertà (obiettivo n. 1) e alla riduzione della fame (obiettivo n. 2) e nonostante gli sforzi che i vari governi, sviluppati e in via di sviluppo, stanno compiendo siamo molto lontani dal raggiungere e centrare in pieno l'obiettivo. La disuguaglianza persiste e anzi, con lo scoppio della pandemia da covid-19, si sta sempre di più estendendo. Se qualche decennio fa i giovani potevano contare su un ascensore sociale e attraverso l'impegno e lo studio potevano salire di livello, oggi non solo non ci sono più ascensori, ma sono scomparse anche le scale, e si fa sempre più fatica a sollevarsi da uno stato di povertà. In molti stati sviluppati poi, la classe media è scivolata verso il basso e le politiche di redistribuzione dei redditi fanno fatica a ripristinare una certa uguaglianza. Inoltre le forti disuguaglianze all'interno di uno specifico paese determinano situazioni di malcostume, di violenza e in generale di infelicità. È stato infatti dimostrato che si è più felici in uno stato più povero dove però non ci sono forti disuguaglianze tra i cittadini che in un paese generalmente più ricco, ma con forti disuguaglianze di reddito e di patrimonio. Occorre una forte politica redistributiva all'interno di ogni singolo paese e una politica sociale di sostegno verso le persone più svantaggiate. Inoltre, ne discutono proprio in questi giorni, occorre una patrimoniale che colpisca a livello mondiale i redditi e i patrimoni delle multinazionali e di quei soggetti che, grazie alla complicità di alcuni paesi, eludono le tasse. È assolutamente inconcepibile che in Italia ci siano circa 11 milioni di persone che hanno deciso di non mettere in comune neanche un centesimo!

Vediamo la solita info grafica su questo obiettivo:

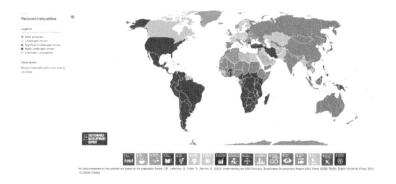

Figura 20 Obiettivo n. 10 Ridurre le disuguaglianze - https://dashboards.sdgindex.org/map/goals/SDG10

Solo alcuni paesi del nord Europa come Svezia e Norvegia hanno archiviato l'obiettivo n. 10. Negli altri paesi, compreso gli Stati Uniti che sono un paese ricco, ma molto diseguale, occorre fare numerosi passi in avanti prima di raggiungere l'obiettivo e i suoi target.

Obiettivo n. 11 Città e comunità sostenibili.

L'obiettivo recita così: rendere le città e gli insediamenti umani inclusivi, sicuri, duraturi e sostenibili. Le città sono sempre state luogo di attrazione fin dall'antichità, centri di idee in tutti i settori e luogo di governo. Basti pensare a città come Atene, luogo di sviluppo di un pensiero moderno e di sviluppo sociale. Le sfide che le città di oggi devono affrontare entro il prossimo decennio sono molte a partire dal rendere le città e soprattutto le megalopoli più sicure, migliorando l'utilizzo delle risorse e riducendo l'inquinamento. È necessario "rammendare" le nostre periferie come di recente ha detto l'architetto Renzo Piano che attraverso piccole iniziative sta cercando di rendere più belle e più vivibili le parti meno nobili delle città. "*Amo i centri delle città, ci mancherebbe, però la vera sfida del futuro è nelle periferie. Le periferie sono fabbriche di desideri, di aspirazioni e poi nelle periferie abita l'80, il 90 per cento delle persone che vivono in città. Questa parola è sempre accompagnata da un aggettivo denigratorio, sono: lontane, tristi, abbandonate. Non è vero, quando ci lavori scopri che sono piene di energia e non solo, anche di bellezza. C'è bellezza umana, ma anche bellezza tout court. È l'idea di bellezza che si coniuga con l'idea di qualità*".*

Entro il 2030 quasi il 60% della popolazione mondiale abiterà nelle aree urbane e il maggior sviluppo delle città si avrà nei paesi più ricchi. La superficie terrestre occupata dalle città non è molto elevata, anzi rappresenta il 3 per cento del totale, ma nonostante questo è responsabile per circa il 60% del consumo energetico e per il 75% delle emissioni di carbonio. Inoltre, l'espansione urbana sta aumentando costantemente, erodendo alle zone rurali terreni agricoli fertili e quindi provocando cambiamenti nel microclima locale e perdita di diversità. La vita nelle grandi metropoli non è così semplice e pone seri problemi sociali e di emarginazione, oltre ai già noti problemi di traffico e di inquinamento. C'è bisogno di trasformare la maggior parte delle nostre abitazioni nelle aree urbane, in mini centrali elettriche pienamente autonome dal punto di vista energetico, collegandole in un network dell'energia, che sia in grado di distribuire efficacemente l'energia prodotta. Occorre poi modificare e migliorare la viabilità nelle nostre città. Già in molte di loro l'accesso alle auto è precluso e si circola solo utilizzando mezzi pubblici su rotaie, monopattini elettrici o bici a pedalata assistita. Vediamo come siamo messi nel mondo:

Figura 21 Obiettivo n. 11 Città e comunità sostenibili -
https://dashboards.sdgindex.org/map/goals/SDG11

Nessun paese mondiale ha archiviato l'obiettivo e questa volta anche i paesi del Nord Europa sempre molto efficienti devono fare ancora qualche passo in avanti per raggiungere i risultati attesi. In Italia la legge di Bilancio del 2020 ha istituito un nuovo Programma innovativo per la qualità delle abitazioni con l'obiettivo di ridurre il disagio abitativo con particolare riferimento alle periferie, sviluppando il patrimonio edilizio residenziale. Inoltre con la conversione in legge del Decreto "Rilancio" si è introdotto un incentivo fiscale, Superbonus 110%, che permette di riqualificare il patrimonio edilizio ottenendo una detrazione del 110% delle spese sostenute per l'efficientamento energetico a condizione che la classe energetica dell'immobile faccia un salto di due classi nella scala di efficienza energetica. Sempre nello stesso decreto si è incrementato il fondo per l'acquisto di veicoli a basse emissioni di CO_2.

Obiettivo n. 12 Consumo e produzione responsabili.

L'obiettivo è quello di garantire per il futuro una produzione e un consumo sostenibile e responsabile. Viviamo in una società opulenta fatta di consumi a volte superflui e di sostituzione, in cui andiamo a sostituire merci che si sono deteriorate o che hanno subito la famosa obsolescenza programmata. Ogni due anni e mezzo siamo spinti a cambiare il nostro telefonino, non perché ha smesso di funzionare, ma solamente perché non è più di moda o perché la batteria si scarica più velocemente. Un tempo gli ingegneri che programmavano alcuni beni si vantavano della loro robustezza e della durata dei loro prodotti. Chi ha qualche anno come il sottoscritto si ricorderà molto bene la pubblicità dell'azienda di elettrodomestici Zoppas: *Zoppas le fa e nessuno le distrugge*. Inoltre la parola "consumo" agli inizi del secolo scorso aveva un significato molto negativo: consumare significava lacerare, distruggere e in quel periodo non facile dal punto di vista economico gli oggetti si riparavano, si rammendavano. Oggi per la sopravvivenza delle stesse aziende produttrici, gli oggetti, le merci si buttano, non si riparano, creando un'enorme massa di rifiuti industriali da smaltire. La sfida quindi è quella di andare verso un'economia circolare, dove i beni e le merci devono trovare una seconda vita, devono durare più a lungo e quando vengono gettati devono essere riciclati. Ma dobbiamo essere consapevoli che oltre alla R del Riciclo occorre un'altra R, quella della Riduzione per avere un consumo più moderato che riduca l'impiego di risorse. È necessario ridurre il degrado e l'inquinamento del ciclo produttivo, migliorando così la qualità della vita. Anche con qualche gadget tecnologico in meno si è felici lo stesso! Le sfide sono molte: se pensiamo che la popolazione mondiale potrebbe raggiungere entro il 2050 i 9,6 miliardi di individui, dobbiamo essere pienamente consapevoli che serviranno tre pianeti per soddisfare la domanda di risorse naturai e di cibo per tutti; ci sono ogni anno circa 1,3 tonnellate di cibo che vanno sprecate e allo stesso tempo ci sono quasi 1 miliardo di persone che soffre di malnutrizione. In altre parti del mondo, invece, ci sono quasi 2 miliardi di persone nel mondo che sono sovrappeso o obese.

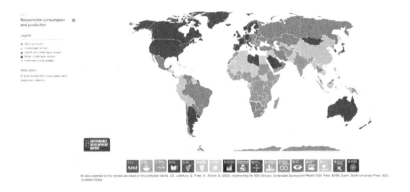

Figura 22 Obiettivo n.12 Produzione e consumo responsabile - https://dashboards.sdgindex.org/map/goals/SDG12

A differenza degli altri obiettivi di sostenibilità, i paesi in via di sviluppo africani e del sud-est asiatico hanno già archiviato l'obiettivo, in parte dovuto al fatto che in determinati paesi i consumi di sostituzione o superflui sono veramente un'utopia! Paesi come l'Etiopia, il Ghana, la Costa D'Avorio, il Congo e l'Angola non possono essere considerati paesi opulenti e i loro consumi sono nella maggior parte dei casi consumi di sussistenza. In Europa si fa riferimento al Programma della Commissione Europea 2019-2024 per un'Unione più ambiziosa che contiene anche il Green Deal Europeo per perseguire una produzione ed un consumo sostenibile. Tra le iniziative di maggior rilievo si segnala il "Piano di azione per un'economia circolare" che riguarda l'intero ciclo di vita dei prodotti e un rapporto di protezione dei consumatori. E ancora, la Strategia "Dal produttore al consumatore. Il nostro cibo, la nostra salute, il nostro pianeta, il nostro futuro" che ha come obiettivo quello di eliminare gli sprechi alimentari lungo tutta la filiera di produzione e quello di realizzare investimenti in ricerca e innovazione per rendere la filiera alimentare più sostenibile.

Obiettivo n. 13 Lotta contro il cambiamento climatico.
Promuovere azioni a tutti i livelli per combattere il cambiamento climatico che interessa tutti i paesi del globo, ma a maggior ragione i paesi in via di sviluppo. Se non procediamo ad una riduzione di agenti climalteranti si prevede che nel corso

del XXI secolo la temperatura del globo aumenterà di 3° gradi centigradi e questo avrà un impatto irreversibile sul clima e sul territorio. Qualcuno pensa che stiamo distruggendo il pianeta, in realtà come più volte detto, il pianeta Terra è esistito moltissimi anni prima della comparsa dell'uomo e sopravviverà per ancora moltissimi secoli dopo la nostra scomparsa. Quello che stiamo distruggendo è la vita dell'uomo. Le conseguenze dell'innalzamento delle temperature sul clima sono sotto gli occhi di tutti e gli eventi estremi (caldo, freddo, inondazioni, bombe d'acqua ecc) sono sempre più frequenti e distruttivi. Sul sito internet della European Severe Weather Database (https://eswd.eu/cgi-bin/eswd.cgi) è possibile selezionare un determinato periodo di osservazione ed avere tutti gli eventi climatici estremi che si sono verificati in un paese. Nel periodo che ho selezionato io, dal 29 luglio 2021 al 5 agosto 2021, in Italia sono stati registrati 183 eventi climatici estremi, tutti dettagliati e visualizzabili nella mappa. Nel corso degli ultimi 150 anni la temperatura media globale è aumentata di quasi 0,8° C, con un aumento di 1° C nella zona europea. Ricordiamo che per ogni grado di aumento la produzione di grano diminuisce del 5%, le nevi e i ghiacciai si sciolgono, contribuendo a far aumentare il livello dei mari. Con gli Accordi di Parigi, di cui si parlerà più avanti, quasi tutti i paesi mondiali si sono impegnati a mantenere l'aumento delle temperature fino ad un massimo del 2% entro il 2050 e a fare uno sforzo maggiore per contenere il rialzo ad un grado e mezzo. Le principali cause dell'innalzamento delle temperature sono i gas ad effetto serra causati dalla combustione fossile nella produzione di elettricità, nei trasporti e nell'industria, ma anche la deforestazione e lo sfruttamento del suolo con l'eccessiva cementificazione. Vediamo come siamo messi nel mondo:

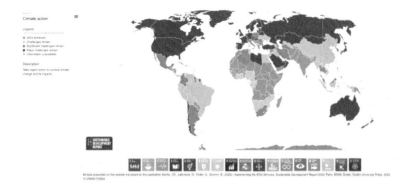

Figura 23 Obiettivo n. 13 Lotta contro il cambiamento climatico - https://dashboards.sdgindex.org/map/goals/SDG13

Anche in questo caso i paesi africani, avendo spazi enormi con un minore inquinamento e più basse emissioni di CO_2, sono quei paesi che hanno già archiviato l'obiettivo di sostenibilità. Tutti i paesi sviluppati devono fare enormi passi in avanti. A livello normativo l'Europa è stato il continente precursore nell'emanare tutta una serie di provvedimenti atti a contrastare il cambiamento climatico e poter così raggiungere la neutralità climatica entro il prossimo 2050. La Commissione europea ha presentato il piano per finanziare il Green Deal e la giusta transizione ecologica. Anche nel governo italiano presieduto da Mario Draghi si è istituito un ministero della transizione ecologica con il compito di elaborare progetti da sottoporre all'approvazione europea per il Piano Nazionale di Ripresa e Resilienza (Pnrr). Recentemente è stata presentata un'iniziativa (Patto europeo per il clima) che prevede anche l'introduzione di una *carbon tax* all'interno dell'Unione Europea e una tassa alle frontiere.

Obiettivo n. 14 Vita sott'acqua.

L'obiettivo si prefigge di conservare e utilizzare in modo durevole la diversità delle specie marine e degli oceani. Questi ultimi infatti hanno da sempre influenzato la vita sulla Terra per il genere umano e per gli altri esseri viventi. Il meteo, il clima, l'acqua piovana e una buona parte del cibo sono elementi forniti e regolati dal mare. Gli oceani rappresentano i tre quarti della superficie terrestre e hanno un ruolo importante nel contrastare e mitigare il riscaldamento globale assorbendo circa il 30% della CO_2 prodotta dall'uomo. Le specie ittiche identificate sono approssimativamente 200.000, ma i numeri reali potrebbero essere molto diversi. Purtroppo anche in questo sistema l'azione dell'uomo è determinante e circa il 40% degli oceani del mondo è impattato dall'inquinamento, dall'esaurimento delle riserve ittiche e dall'erosione delle coste.

Vediamo come siamo messi nel mondo:

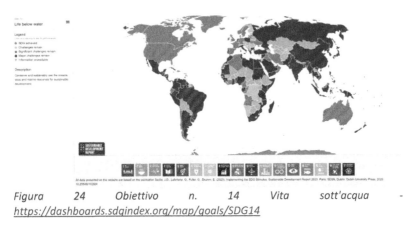

Figura 24 Obiettivo n. 14 Vita sott'acqua - https://dashboards.sdgindex.org/map/goals/SDG14

Come in altri obiettivi, anche per questo nessuno stato si è messo ancora in regola e molti problemi relativi alla vita sotto l'acqua rimangono tali. Ovviamente alcuni paesi mondiali non sono interessati da questo obiettivo in quanto non hanno uno sbocco al mare, ma secondo me questo obiettivo dovrebbe riguardare anche una sostenibilità e una conservazione delle specie che vivono nei nostri fiumi e nei nostri laghi e quindi dovrebbe interessare anche quei paesi che pur non avendo uno sbocco al mare sono ricchi di acque dolci. L'Italia pur essendo un paese ricco di fiumi, laghi e di coste marine risulta uno dei paesi ancora molto indietro e inadempiente. In data 15 luglio 2021 alla Commissione Ambiente del Senato è stato approvato il Decreto "Salvamare" dopo un lungo e travagliato percorso. Il decreto permette ai pescatori di portare la plastica recuperata con le reti a terra e di farla riciclare, cosa che prima non potevano fare perché illegale (trasporto illegale di rifiuti). Negli ultimi tre anni l'indicatore delle aree marine protette è sensibilmente peggiorato a causa dell'aumento dell'attività di pesca. Inoltre alcuni target di questo obiettivo sono scaduti nel 2020 e anche in questo caso l'Italia ha mancato il bersaglio. Solo il target 14.5, che definisce il valore da raggiungere relativo alla superficie delle aree marine protette, è stato raggiunto dall'Italia con un 19% contro un target del 10%, ma il dato non tiene conto della qualità della protezione.

Obiettivo n. 15 Vita sulla Terra.

L'obiettivo ha come fine quello di proteggere, ripristinare e favorire un uso sostenibile dell'ecosistema terrestre che costituisce un quarto della superficie globale e offre cibo e riparo a numerose specie viventi. Ogni anno purtroppo 13 milioni di ettari di foreste vanno perse, letteralmente in fumo, a causa del dolo o della colpa dell'uomo e il riscaldamento globale rischia di desertificare ulteriori miliardi di ettari di terreni. Circa 70 milioni di persone indigene vivono all'interno delle foreste, che non rappresentano per loro solo una dimora, ma anche la principale fonte di sostentamento. Sono noti i casi di incendi nella foresta Amazzonica e ogni anno anche in paesi sviluppati come Italia e Grecia, migliaia di ettari di terreno vanno in fumo. Delle 8.300 specie conosciute, circa l'otto per cento si è estinto e un altro 22% è a rischio estinzione. Vediamo come siamo messi nel mondo:

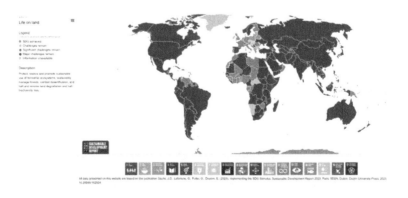

Figura 25 Obiettivo n. 15 Vita sulla terra.
https://dashboards.sdgindex.org/map/goals/SDG15

Solamente Polonia, Lituania ed Estonia, paesi freddi e molto ricchi di foreste hanno archiviato l'obiettivo. Gli altri paesi sono molto indietro. Le ultime notizie di cronaca di questi giorni ci dicono che, sempre a causa dell'uomo, 10.000 ettari di foreste sono andate in fumo in Sardegna e circa 800 persone sono state evacuate dalle loro abitazioni tra il 24 e il 26 luglio 2021. L'Italia è un paese a rischio idrogeologico, ma anche soggetto a siccità e ad eventi climatici estremi che mettono in pericolo la conformazione del territorio e la vita delle nostre comunità. Nonostante questo, numerose iniziative e misure per la tutela del capitale naturale sono ancora ferme in Parlamento e aspettano di essere discusse e approvate. Solo il Decreto "Clima" varato dal governo a fine 2019 ha visto la luce e prevede la piantumazione di 15 milioni di alberi e un finanziamento per la tutela ambientale e idrologica delle aree interne. Un'altra legge tanto attesa è quella del contenimento e dell'arresto del consumo di suolo che ci permetterebbe di raggiungere l'obiettivo n. 15. Anche la Corte dei Conti è intervenuta in proposito affermando che è: *"improcrastinabile un intervento sistemico e decisivo che affronti il tema della salvaguardia del suolo, misura essenziale per la mitigazione e l'adattamento ai cambiamenti climatici e per contrastare il dissesto idrogeologico"*.[18]

Obiettivo n. 16 Pace, Giustizia e Istituzioni solide.

L'obiettivo n. 16 si propone di avere società pacifiche ed inclusive in cui tutti i soggetti sono uguali di fronte alla legge e hanno uguali diritti. Purtroppo ancora oggi esistono società in cui il trattamento riservato ai propri cittadini è estremamente diseguale e non tutti hanno accesso o la possibilità economica di accedere alle istituzioni preposte al riconoscimento dei propri diritti. Molte istituzioni e molti paesi hanno un grado di corruzione molto elevato e questo ostacola un processo di pace e di convivenza civile. In alcuni stati la magistratura e la polizia

---

[18] Deliberazione del 31 ottobre 2019, n. 17/2019/G (Fondo per la progettazione degli interventi contro il dissesto idrogeologico 2016-2018 - https://www.corteconti.it/Download?id=1588e2fb-c42f-48a2-93cd-ef9dc49ddcfa)

sono tra le istituzioni più soggette alla corruzione, in cui basta pagare "una bustarella" per far valere i propri diritti prima degli altri. Per non parlare poi del furto e dell'evasione fiscale molto elevata sia nei paesi in via di sviluppo che in quelli sviluppati: in Italia quasi 11 milioni di individui hanno deciso di non mettere in comune neanche un centesimo (evasori totali). Inoltre nei paesi dove ci sono dei conflitti e non vige un sistema di pace tutto è più difficile: i bambini non possono completare il ciclo di studi e quindi un altro obiettivo dell'Agenda (Istruzione) è difficilmente raggiungibile, si fa fatica a trovare un'occupazione decente e quindi anche l'obiettivo del Lavoro, della riduzione della Fame e della Povertà risultano irrealizzabili. Vediamo come siamo messi nel mondo:

Figura 26 Obiettivo n. 16 Pace, Giustizia e Istituzioni solide.

- https://dashboards.sdgindex.org/map/goals/SDG16

Pochissimi paesi hanno archiviato tale obiettivo: Austria, Irlanda, Islanda e Giappone. Da notare l'area rossa estremamente estesa che riguarda interi continenti come l'Africa, il Sud America o stati importanti come Russia e Messico. Insomma, tanto dobbiamo fare! Ricordo che fin dalle scuole medie una delle materie, a volte non troppo gradita da noi ragazzi, era Educazione civica: dopo qualche riforma scolastica è stata soppressa e per molti anni non è stata più studiata nelle scuole italiane. Per fortuna, con Decreto ministeriale n. 35 del 22 giugno 2020, è stato nuovamente introdotto l'insegnamento scolastico dell'educazione civica che, attraverso lo studio della Costituzione, cerca di rendere le nuove generazioni più consapevoli dei valori basati sulla legalità, sulla non violenza e sul rispetto delle diversità, ritenuti fondamentali per una società più pacifica, giusta ed inclusiva. Sono state inasprite le pene contro i reati di violenza, discriminazioni sessuali, contro il bullismo e il cyberbullismo negli ambienti giovanili, anche se ancora oggi il cosiddetto disegno di legge Zan, che prevede misure di contrasto della discriminazione e della violenza per motivi fondati sul sesso, sul genere, sull'orientamento sessuale, sull'identità di genere e sulla disabilità, deve essere ancora approvato al Senato dopo il via libera alla Camera. Gli indicatori sulla criminalità predatoria (rapine e furti) e sugli omicidi, hanno avuto un significativo miglioramento tra il 2010 e il 2018, controbilanciato da un peggioramento della fiducia dei cittadini italiani nei confronti delle istituzioni europee, alimentata anche da alcuni esponenti politici di destra, nettamente contrari alle politiche comunitarie. La pandemia del 2020 ha sicuramente inciso molto sugli indicatori di criminalità, specialmente su rapine, furti e omicidi che sono calati del 61% nel periodo marzo-maggio 2020 rispetto allo stesso periodo del 2019.

Obiettivo n. 17 Partnership per gli obiettivi.

L'ultimo degli obiettivi previsti dall'Agenda 2030 delle Nazioni Unite racchiude un concetto molto semplice: se vogliamo realizzare un mondo migliore e più sostenibile, dobbiamo lavorare tutti insieme in accordo tra i vari governi, ma anche tra settore privato e società civile. Tutti siamo interessati a vivere in un mondo più giusto, più sostenibile e rispettoso di tutti gli esseri viventi, preservando le risorse del pianeta. Ecco il mondo che vogliamo! È necessaria una collaborazione a livello planetario, ma anche a livello regionale e locale. Occorre che anche il mondo della finanza, dopo i disastri combinati nella Grande Recessione del 2008, faccia uno sforzo per destinare le enormi ricchezze private alla realizzazione degli Obiettivi di Sviluppo sostenibile. Investimenti a lungo termine che abbiano un impatto positivo sull'Ambiente, sul Sociale e sul buon Governo sia nei paesi già sviluppati, sia nei paesi in via di sviluppo.[19] Molto importanti gli investimenti in infrastrutture che riguardano il settore energetico e il settore delle comunicazioni (ponti, strade, autostrade). Anche internet si è diffuso tantissimo in molti paesi in via di sviluppo anche se restano circa 4 miliardi di individui che non hanno ancora accesso alla rete e il 90% si trova nelle regioni più disagiate. Vediamo come siamo messi nel mondo:

Figure 27 Obiettivo n. 17 Partnership per gli obiettivi.

- https://dashboards.sdgindex.org/map/goals/SDG17

Solamente la Norvegia (e non è una novità) può dire di aver archiviato questo obiettivo. Gli altri paesi, chi più chi meno, devono fare ancora molto. Tra i target di questo obiettivo ci sono anche gli aiuti da parte degli stati più ricchi verso quelli più poveri, e qui si tocca un tasto dolente. L'abbiamo visto durante questa pandemia con la gestione e la distribuzione dei vaccini che sono arrivati in maniera adeguata alle esigenze dei paesi più ricchi in grado di pagare le industrie farmaceutiche e pochissimi invece sono arrivati nei paesi in via di sviluppo. Anche gli aiuti dell'Italia verso i paesi più disagiati sono diminuiti negli anni. Solo nel mese di giugno 2020 è stato istituito presso il Ministero degli Esteri un tavolo operativo di coordinamento per la prevenzione e per il contrasto della

---

[19] Parlerò degli investimenti sostenibili ESG in maniera più ampia e dettagliata nei prossimi capitoli.

pandemia. Infine con sentenza della Corte Costituzionale del 20 maggio 2020 si è dato risalto alle attività delle società del Terzo settore che, interagendo con il primo settore (pubblico) e il secondo settore (privato), svolgono un'attività sociale e di welfare importantissimo come l'assistenza alle persone disabili, alla tutela dell'ambiente o ad altri servizi sociali nell'interesse generale di tutta la comunità.

L'Istat ha diffuso in questi giorni l'ultimo rapporto sui Sustainable Development Goals, che illustra l'impatto delle misure adottate dai vari governi per contrastare gli effetti della pandemia Covid-19 nei confronti degli obiettivi dell'Agenda 2030, e di come il quadro complessivamente positivo, registrato in Italia fino al 2019, sia andato a deteriorarsi con lo scoppio della crisi sanitaria: c'è una riduzione delle misure in miglioramento dal 60,5% nel 2019, al 42,5% nel 2020 e un aumento dei parametri in peggioramento dal 20,5% nel 2019, al 37% nel 2020. Uno dei dati più evidenti del nuovo rapporto Istat è quello relativo all'aumento del tasso di povertà assoluto, salito al 9,4% della popolazione (circa 5,6 milioni di persone). E pensare che qualche politico aveva dichiarato qualche tempo fa di aver abolito la povertà! Inoltre nel rapporto emerge ancora un forte divario tra le regioni del Nord-Est rispetto a quelle meridionali. Per la prima volta nell'analisi si è preso in esame la correlazione tra gli obiettivi dell'Agenda 2030 e le sei missioni del Piano di Ripresa e Resilienza approvato dal governo Draghi. Le sei missioni del PNRR sono: Missione 1: Digitalizzazione, innovazione, competitività, cultura e turismo; Missione 2: Rivoluzione verde e transizione ecologica; Missione 3: Infrastrutture per una mobilità sostenibile; Missione 4: Istruzione e ricerca; Missione 5: Coesione e inclusione; Missione 6: Salute. L'aumento della povertà assoluta già citato sopra cresce maggiormente nelle regioni del Nord e in misura significativa su tutte le fasce d'età, tranne per gli over 65 che ovviamente possono ancora contare su un reddito, seppur contenuto, della pensione. Aumenta al 66,5% della popolazione over 65 la vaccinazione antinfluenzale nell'inverno 2020 in conseguenza delle paure per la pandemia da Covid-19 in corso. Nel campo dell'Istruzione e quindi dell'obiettivo n. 4 la Didattica a distanza dovuta alle chiusure delle scuole ha comportato un peggioramento delle competenze e dell'attività formativa in generale. I ragazzi hanno sofferto molto la mancanza di socialità vissuta con le lezioni in remoto. Inoltre la Dad ha allargato le disuguaglianze economiche tra le famiglie dotate di una commessione internet e di dispositivi mobili e quelle che ne erano prive. Nel 2020 sono aumentati i casi di violenze sulle donne e più di 49 donne ogni 100.000 si sono rivolte al numero verde 1522 (numero antiviolenza). Il consumo di energia derivante da fonti rinnovabili è salito al 18,2% centrando per il sesto anno consecutivo gli obiettivi del piano europeo 20-20-20.[20] Per l'obiettivo n. 8 nel 2020 il prodotto interno lordo ha subito un crollo eccezionale del -8,9%. Tale crollo ha inciso nel tasso di occupazione, che scende al 62,6% nonostante il blocco dei licenziamenti. La pandemia ha accelerato alcuni processi come il lavoro da casa in remoto. Il numero delle persone che vivono in abitazioni sovraffollate continua ad aumentare, raggiungendo il 28,3%, la percentuale più alta degli ultimi 10 anni. Nel 2020 a seguito delle chiusure produttive nel periodo febbraio-marzo si è assistito ad una decisa diminuzione delle emissioni di gas climalteranti, anche se questo sembra non abbia influito in maniera decisa sull'esito dei cambiamenti climatici in atto (leggi ultimo rapporto Ipcc di cui si parlerà nelle prossime pagine). Nel 2020 le aree marine comprese nella rete Natura 2000[21] sono aumentate per una superficie complessiva di 20.716 km^2. Anche le aree marine protette (EUAP) registrano un incremento del 16,7% rispetto al 2013. Continua ad aumentare la copertura forestale che ha raggiunto nel 2020 il 31,7% della superficie. Il consumo di

---

[20] Il pacchetto clima 20-20-20 approvato dall'UE nel 2009 prevede una riduzione di emissioni di CO_2 del 20%, un aumento del 20% di energie prodotte da fonti rinnovabili e un minore consumo di energia del 20%, il tutto da realizzare entro il 2020.
[21] La rete 2000 è costituita dai siti di interesse comunitario identificati dagli Stati membri in base alla Direttiva Europea 92/43/CEE "Habitat" dove le attività umane sono escluse.

suolo, pur diminuendo, non ci permette di raggiungere l'azzeramento previsto per il 2030. Il tasso di criminalità continua a diminuire, ma il numero di detenuti nelle nostre carceri è ancora elevato rispetto al numero di posti disponibili. Per l'obiettivo n. 17 l'Italia rimane ancora indietro rispetto ai target previsti per gli aiuti ai paesi in via di sviluppo (0,22% del Pil). Ecco in sintesi il rapporto 2021 dell'Istat:

Figura 27 Rapporto Istat 2021 sui SDGs.

Gli Accordi di Parigi (30 novembre – 12 dicembre 2015).

L'anno 2015 è stato molto proficuo per la creazione di un mondo migliore e per porre le basi per un nuovo modo di produrre e di rispetto per la vita sul pianeta. Dopo l'approvazione da parte delle Nazioni Unite dei 17 Obiettivi di Sviluppo Sostenibile, il 30 novembre in un sobborgo di Parigi, Le Bourget, si riuniscono i 195 rappresentanti degli stati per la XXI Conferenza delle Parti (COP21) della Convenzione quadro dell'Onu sui cambiamenti climatici (UNFCCC). Ogni anno a partire dal 1992 i rappresentanti dei vari stati si sono riuniti per affrontare il tema dei cambiamenti climatici dovuti alle attività di emissioni dell'uomo e per decidere quali provvedimenti adottare per contrastare il riscaldamento globale. Fin dall'inizio ci sono sempre stati alcuni politici che hanno preso sottogamba il tema dei cambiamenti climatici, ritenendo il problema sopravvalutato e continuando indifferentemente a sfruttare il territorio, producendo emissioni climalteranti. Nei primi anni la responsabilità maggiore era dei paesi già sviluppati che, con il loro tenore di vita, immettevano nell'aria la maggior parte di gas serra. Quindi si è proceduto con l'imposizione di limiti non troppo ambiziosi e non troppo vincolanti circoscritti soltanto ai paesi più ricchi, tralasciando normative regolamentari per i paesi in via di sviluppo in nome del progresso e dello sviluppo economico. Nel frattempo alcuni di questi paesi come India, Cina e Brasile hanno cessato di essere nazioni arretrate e risultano a tutti gli effetti responsabili delle emissioni di gas ad effetto serra. Nel corso degli anni abbiamo assistito a presidenti di stato come Donald Trump che hanno da sempre ridicolizzato l'accordo di Parigi e altri invece che hanno da sempre avuto a cuore il tema climatico, come Barack Obama (*"I cambiamenti climatici sono una minaccia esistenziale per il mondo intero se non si fa niente a riguardo"*). O infine personaggi come il vicepresidente Al Gore che ha vinto un premio Nobel per l'impegno in tutta la sua vita a sensibilizzare le persone al tema dei cambiamenti climatici o l'attore e attivista Leonardo Di Caprio che ha deciso di alzare la voce per contrastare la politica scellerata del presidente Trump. Ecco il suo discorso pronunciato alle Nazioni Unite:

"Ringrazio il Segretario Generale per l'onore che mi ha riservato e ringrazio gli illustri esperti di climatologia riuniti qui oggi per fornirci risposte concrete. Nel mio ruolo di ambasciatore di pace ho viaggiato in tutto il mondo negli ultimi due anni, ho visto una città come Pechino soffocata dall'inquinamento, antiche foreste boreali in Canada completamente distrutte e foreste pluviali in Indonesia ridotti in cenere. In India ho visto raccolti sommersi da un'inondazione e in America il livello del mare innalzarsi fino ad invadere le strade di Miami. In Groenlandia e in Artide gli antichi ghiacciai stanno rapidamente scomparendo ben prima rispetto alle previsioni scientifiche. Tutto ciò che ho osservato e ho imparato nel corso del mio viaggio non ha fatto che aumentare gli animi. Penso alla vergogna che proveremo

quando i nostri figli e i nostri nipoti capiranno che noi avevamo la possibilità di fermare questo scempio, ma che semplicemente non c'era la volontà politica di farlo. Sì, abbiamo raggiunto l'accordo di Parigi, mai era accaduto nella storia dell'umanità che così tanti paesi si riunissero intorno ad una stessa causa comune e questo ci fa ben sperare. Tuttavia la scienza ci dimostra che non è sufficiente, serve un cambiamento radicale e immediato, bisogna far nascere una nuova coscienza collettiva, l'umanità deve conoscere una seconda evoluzione e il tempo a nostra disposizione non è molto. Tutti noi dobbiamo ricordarlo, non dobbiamo adagiarsi sugli allori, tutto sarà inutile se i leaders mondiali torneranno nei loro paesi senza mettere in pratica le promesse contenute in questo storico accordo. Dopo ventuno anni di dibattiti e di conferenze è il momento di mettere da parte le reticenze, le scuse, le infinite ricerche, i tentativi da parte delle industrie petrolifere di condizionare la scienza e le scelte politiche che incidono sul nostro futuro. Il pianeta conta su di noi, le future generazioni potranno lodarci oppure denigrarci. Noi rappresentiamo l'ultima speranza della Terra, è nostro dovere proteggerla per noi e per tutte le forme di vita che amiamo o è la fine".

Si arriva così al giorno di apertura dei lavori della Cop21 con il discorso del presidente francese Francois Hollande che parla ai leader mondiali, ancora scossi dagli attacchi terroristici del Bataclan di poche settimane prima. "*Parigi deve essere il punto di partenza di una profonda mutazione. Il nostro obiettivo è passare da una mondializzazione fondata sulla competizione a un modello basato sulla cooperazione, dove sarà più redditizio proteggere che distruggere*", si augura il presidente francese. Gli fa eco il presidente americano Obama che ricorda che la lotta ai cambiamenti climatici e al riscaldamento del pianeta è oramai un imperativo economico e di sicurezza che non si può rimandare, perché se la temperatura dovesse continuare a salire dovremo destinare ingenti risorse finanziarie e militari per adattarci alle conseguenze. Chissà perché gli americani la mettano sempre sul piano militare! Comunque, le giornate della Conferenza sul clima non stavano dando i segni di speranza attesi. Si delineava il divario tra quello che i vari stati avrebbero promesso di fare per salvare il pianeta e la dura realtà: i paesi risultavano disponibili a prendersi impegni per contenere le emissioni di gas serra in atmosfera e contenere il rialzo delle temperature, ma non erano altrettanto disponibili a rispettarli e nella realtà molti non accettavano rinunce, vincoli e sanzioni. A complicare ulteriormente lo scenario, paesi come India e Cina, che rivendicavano il diritto a salire i gradini del progresso e dello sviluppo, ammettendo qualche emissione climalterante in più, e paesi come la Russia che, tutto sommato, qualora il riscaldamento del pianeta avesse sciolto qualche ghiacciaio in Siberia, rendendo quell'area coltivabile e fertile, non sarebbero stati del tutto dispiaciuti. Il discorso dell'India e di altri paesi non fa una piega: rivendicano anche loro il diritto ad una crescita senza vincoli, così come allo stesso modo tempo addietro i paesi più ricchi erano cresciuti. Di contro, paesi appartenenti all'Unione Europea fortemente convinti delle estreme conseguenze che un innalzamento delle temperature avrebbe comportato a livello economico e sociale. Con l'innalzamento dei mari e degli oceani numerose isole del Pacifico o città come Venezia rischierebbero di essere completamente sommerse e allora "addio alle gondole e benvenuti ai sottomarini per visitare la città!" E i due grandi giganti? Usa e Cina sono pronti a difendere il clima (il presidente era ancora Obama), ma vogliono farlo a modo loro, con i loro tempi e senza troppi vincoli, sfruttando le innovazioni tecnologiche e l'efficienza energetica. Insomma per quasi tutto il summit la colonna sonora è sempre la stessa: impegni vincolanti, impegni non vincolanti, zero impegni! Con queste divergenze si arriva al 12 dicembre 2015, con l'annuncio del presidente francese Francois Hollande che in tarda mattina fuga ogni dubbio: dopo 12 giorni di trattative e molti anni di lavori negoziali, la Conferenza delle Parti n. 21 è chiamata ad approvare un "accordo universale e ambizioso", che rappresenta un punto di partenza per la comunità internazionale al fine di evitare una vera e propria catastrofe climatica. Vediamo i punti principali dell'Accordo di Parigi:

Il primo accordo universale e vincolante sui cambiamenti climatici è stato approvato da 190 paesi e prevede dei piani di azione per limitare il riscaldamento del pianeta ben al di sotto dei 2°C, facendo un ulteriore sforzo da parte dei paesi membri per limitarlo ad 1,5°C. Nei vari piani di azione per il clima i governi si impegnano a ridurre le emissioni climalteranti anche grazie alle nuove tecnologie disponibili e alle nuove conoscenze scientifiche. Inoltre i paesi si impegnano a riunirsi ogni 5 anni per valutare i progressi collettivi e comunicare a tutti gli stati membri i progressi raggiunti e le azioni intraprese in un sistema basato su trasparenza e responsabilità. Si riconosce le divergenze tra paesi sviluppati e paesi in via di sviluppo e i primi si impegnano nei confronti dei secondi ad un supporto e un sostegno continuo, mobilitando fino al 2025 una somma pari a 100 miliardi di dollari per finanziare le azioni di contrasto al cambiamento climatico.

L'unione Europea è stata fin dall'inizio in prima linea negli sforzi per contrastare i cambiamenti climatici ed evitare il cosiddetto punto di non ritorno. L'accordo di Parigi infatti è stato approvato dall'UE il 5 ottobre 2016 ed è entrato in vigore il 4 novembre 2016.

Sul "punto di non ritorno" vorrei fare alcune osservazioni. Gli ultimi 21 anni sono stati quelli che hanno registrato le temperature più elevate e l'unico responsabile di questo sconvolgimento è l'uomo. Quando Adamo ed Eva sono stati cacciati dall'Eden si è manifestato quel distacco dell'uomo dalla natura e nel momento in cui l'uomo ha smesso di essere un semplice cacciatore e raccoglitore, ha impresso la propria impronta ecologica sul pianeta. Con l'invenzione dell'agricoltura questa impronta ecologica è diventata più pesante, ma regolata ancora da fattori naturali: energie molto deboli e freni demografici molto forti. Per quanto riguarda la prima, l'energia principalmente utilizzata era quella umana, era il lavoro di schiavi e se si utilizzava una forma di energia non umana come l'acqua o il vento era sicuramente rinnovabile e non infliggeva danni irreversibili al pianeta. Per il secondo punto, ogni volta che la popolazione cresceva oltre i limiti della sostenibilità, ovvero oltre la disponibilità di risorse naturali e alimentari, una nuova carestia si abbatteva sull'umanità riportandola ad un numero sufficientemente sostenibile: la legge di Malthus!

Abbiamo anche una data precisa in cui collocare l'evento storico in cui Adamo ed Eva, in combutta con il serpente, cercano di mangiare il frutto proibito della sapienza e se non fossero stati cacciati avrebbero mangiato anche quello dell'immortalità: il 23 ottobre del 4004 avanti Cristo di primo mattino, così affermava il vescovo irlandese James Ussher.

In seguito l'impronta ecologica dell'uomo è sempre stata più profonda e con la prima rivoluzione industriale acquista sempre più vigore. Certo, all'epoca non esistevano i Verdi o Lega Ambiente a rendere consapevole l'umanità del disastro a cui stavamo andando incontro. Il maggior utilizzo di energia e l'impiego di macchine industriali determinano quel salto di qualità nella crescita economica tanto ambito, ma anche quella discesa o peggioramento dell'impatto ambientale. I cambiamenti climatici poi non si verificano nello stesso modo nei vari punti del globo e laddove fanno ancora più danni sono ancora più veloci. Nella calotta terrestre il riscaldamento avviene più velocemente che da altre parti causando un ulteriore impatto negativo per l'ambiente. Ad esempio in Groenlandia ogni anno vanno in "fumo" 400 miliardi di tonnellate di ghiaccio e questo crea ancora più danni che altrove. Quando infatti i raggi solari arrivano su superfici chiare (neve) sono riflesse (effetto albedo) e non assorbite come invece avviene sulle superfici scure dove l'energia viene assorbita sotto forma di calore. Una parte di questo calore viene trattenuto dal cosiddetto effetto serra, che nella "giusta misura" come sostenevano i saggi greci, permette agli esseri umani di vivere in un pianeta con una temperatura sopportabile. Se i gas ad effetto serra aumentano, aumenta anche la temperatura del globo e questo lo si poteva intuire, ma si innesca ad un certo punto un effetto domino: i ghiacciai perenni e quindi il loro strato chiaro si sciolgono e quindi meno effetto albedo, le radiazioni solari si riflettono di meno e sono maggiormente assorbite, con la conseguenza che fa ancora più caldo e se fa ancora più caldo ancora più ghiaccio si scoglie e così via. Per non parlare degli strati inferiori dei ghiacciai che a differenza della superficie sono più scuri e quindi assorbono di più le radiazioni solari, liberando poi sostanze (gas, virus e tante altre schifezze) che erano rimaste nel "freezer" per tantissimi secoli. Nella comunità scientifica non c'è pieno accordo su quando queste enormi aree ghiacciate saranno completamente sciolte: c'è chi dice il 2050 e c'è chi dice anche prima, addirittura entro il prossimo 2035. Dico, da perfetto ignorante, che il tempo di agire è ora, anzi subito, anzi ieri! Che il tempo a nostra disposizione prima del punto di non ritorno sia breve, ce lo ricorda l'enorme orologio del clima che è stato installato, dopo quello di New York, Berlino e Glasgow, a Roma presso il ministero della transizione ecologica:

Figura 29 Orologio del clima installato il 5 giugno 2021 presso il Ministero della transizione ecologica a Roma.

In effetti non rimangono molti anni per agire e se siamo fortunati/sfortunati, vedremo gli effetti catastrofici del cambiamento climatico. L'orologio del clima oltre a segnare il tempo che ci rimane per l'azione di contrasto e per contenere il riscaldamento del pianeta entro gli 1,5° centigradi, riporta alcune frasi di personaggi famosi: *"La CO$_2$ è come il sale, indispensabile alla nostra vita, ma velenosa se in eccesso"* di James Lovelock (chimico); *"Il futuro ci giudicherà soprattutto per quello che potevamo fare e non abbiamo fatto"* del regista Ermanno Olmi; *"La gestione sostenibile delle nostre risorse naturali promuoverà la pace"* di Wangari Maathai (premio Nobel per la pace) e *"La terra non è un'eredità ricevuta dai nostri padri, ma un prestito da restituire ai nostri figli"* del capo nativo americano Seeahth.
Il problema dei cambiamenti climatici e dei comportamenti virtuosi che servirebbero per limitare l'innalzamento delle

temperature ad un 1,5° C è molto vicino al mondo della finanza comportamentale e mi ricorda molto il test del marshmallow diventato famoso negli anni '70 del secolo scorso per opera di Walter Mischel. Il professore dell'università di Stanford svolse numerosi esperimenti coinvolgendo bambini di 4 e 5 anni, offrendo loro un gustoso dolcetto (marshmallow). I bambini, chiusi ognuno in una stanza separata, avevano due opzioni: suonare il campanello in qualsiasi momento e mangiare il dolcetto o aspettare 15 minuti e ricevere come ricompensa per l'attesa un ulteriore marshmallow. Il messaggio era abbastanza chiaro: se si rinunciava ad una gratificazione immediata (mangiare subito il dolcetto), si otteneva una gratificazione maggiore (secondo dolcetto), ma i bambini dovevano vincere la tentazione e non tutti ci riuscivano. Walter Mischel seguì nel tempo i bambini sottoposti a questa "tortura" e scoprì che coloro che riuscivano a vincere le tentazioni e a rinunciare ad una gratificazione immediata per una gratificazione maggiore, ma posta nel futuro, avevano maggiore successo nella vita. Se anche per i cambiamenti climatici rinunciassimo a qualche privilegio, a qualche gratificazione immediata, adottassimo un consumo più sostenibile, un'economia circolare dove lo scarto di un processo lavorativo diventa la materia prima per un nuovo ciclo produttivo, la gratificazione maggiore sarebbe quella di lasciare un mondo migliore ai nostri figli. Purtroppo, come nel test dello psicologo Mischel, non tutti gli umani sono in grado di preoccuparsi del futuro rinunciando a qualche comodità del presente, anzi come un terzo dei bambini del test, divoriamo il marshmallow addirittura mentre l'operatore ci spiega le regole dell'esperimento!

Aspettando Cop26.

Nel mese di novembre 2020 si sarebbe dovuta tenere la Conferenza delle Parti n. 26 che ovviamente per motivi legati all'emergenza sanitaria è stata riprogrammata per l'anno successivo. Dal 31 ottobre e fino al 12 novembre 2021 si terrà la 26° Conferenza sotto la presidenza del Regno Unito a

Glasgow. Alcuni lavori preparatori si terranno in Italia a Milano dal 28 settembre al 2 ottobre. Questa collaborazione tra Regno Unito e Italia avviene in concomitanza della presidenza rispettivamente del G7 e del G20[22]. Alla Conferenza parteciperanno 25 esperti in vari temi globali (Friends of COP) tra i quali Selwin Hart, special adviser della segreteria delle Nazioni Unite sui cambiamenti climatici e Sharan Burrow, segretario generale della International Trade Union Confederation. Il presidente di COP26 e ministro del Regno Unito, Alok Sharma ha dichiarato: *"Nonostante siamo concentrati nel combattere la crisi del coronavirus, non dobbiamo perdere di vista la grande sfida del cambiamento climatico. Ora che abbiamo stabilito le nuove date per la Cop26 possiamo lavorare con i nostri partner internazionali nella ambiziosa roadmap di azione globale per il clima da qui al novembre 2021. I passi che stiamo prendendo per ricostruire le nostre economie avranno un profondo impatto sulla sostenibilità, la resilienza e il benessere delle nostre future società e la Cop26 può essere un'occasione in cui il mondo si unisce in nome di una ripresa pulita e resiliente."*

Nell'aprile 2021 il presidente americano Joe Biden ha convocato il "Leaders Summit on Climate" che ha riunito 40 leader mondiali per affrontare le azioni di contrasto al cambiamento climatico in maniera da arrivare alla conferenza di Glasgow con un programma ambizioso di riduzione delle emissioni entro il 2030 e mantenere l'innalzamento delle temperature entro 1,5°C. L'obiettivo è quello di creare un'economia basata esclusivamente su energia pulita, creando nuovi posti lavoro e coinvolgendo finanziamenti pubblici e privati. Aiutare infine i paesi più vulnerabili e fragili a far fronte ai cambiamenti climatici e nello stesso tempo ad uscire dalla propria fragilità e incamminarsi tutti insieme verso uno sviluppo sostenibile. Un bel programma e anche un bel sogno

---

[22] G7: Francia, Germania, Italia, Canada, Giappone, Stati Uniti e Regno Unito; G20: Arabia Saudita, Argentina, Australia, Brasile, Canada, Cina, Corea del Sud, Francia, Germania, Giappone, Indi, Indonesia, Italia, Messico, Regno Unito, Russia, Stati Uniti, Sud Africa, Turchia e Ue.

da realizzare se ovviamente non ci lasciamo condizionare dal fatto che una "bacchetta magica" non esiste e che le soluzioni ci sono per salvare noi e non il pianeta, ma dobbiamo essere consapevoli che tali soluzioni hanno un risvolto duro e faticoso, di rinuncia a qualche privilegio e di fatica fisica e psicologica. Se voglio dimagrire mi iscrivo ad una palestra, ma poi la devo frequentare e svolgere tutte le attività "faticose" che gli istruttori mi consigliano e non abbandonare dopo la prima lezione!

Capitolo 2 Una storia antica.

Anche se apparentemente la storia che sto per raccontare c'entra poco o niente con la gestione dei cambiamenti climatici e lo sviluppo sostenibile per realizzare un mondo più giusto, il mito di Persefone rimane uno dei miei preferiti. E poi chi lo dice che non è in linea con gli argomenti trattati nel libro! In fondo nel mito si parla di natura, si parla di stagioni, si parla di ingiustizie e di soluzioni. I lettori che non hanno interesse per la mitologia e le storie antiche, se vogliono, possono semplicemente saltare questo capitolo e andare a quello successivo.

Persefone, chiamata anche Kore, è figlia di Zeus e di Demetra. Se la guardassimo con gli occhi della cultura odierna è una figlia nata da un rapporto incestuoso: i due genitori sono fratelli. Dopo le vicissitudini raccontate qui sotto diventa la sposa di Ade, il Signore dell'Oltretomba, e anche in questo caso siamo in un rapporto incestuoso in quanto il Re del Tartaro è suo zio, fratello di Zeus e di Demetra. Ma siamo nell'antichità, siamo in Grecia e il cattolicesimo non ha preso ancora piede. E poi siamo nella mitologia e tutto è permesso agli Dei! Inoltre stiamo parlando delle principali divinità che, dopo aver sconfitto i Titani, si sono spartiti il mondo creato: Zeus governa il cielo, Ade il regno dei morti (l'Oltretomba) e Poseidone è il signore dei mari. Insomma, i capi supremi, la crême della crême dell'Olimpo. Eppure Persefone, pur avendo dei natali così divini e pur essendo venerata in tutta la Grecia e nell'antica Roma con il nome latino di Proserpina, non fa parte dei dodici Dei dell'Olimpo. La sua storia però è altrettanto affascinante.

Ade, il Signore degli Inferi, era un dio rancoroso perché tra i tre fratelli aveva ottenuto la parte del mondo più brutta da governare: nell'Oltretomba regnava il buio perenne. I fiumi infernali del Tartaro, lo Stige, l'Acheronte, il Flegetonte, il Cocito e il Lete, erano tutto un programma: uno che emanava fiamme infernali (Flegetonte) e costeggiava paludi fangose e puzzolenti, un altro è il fiume dei lamenti e del pianto (Cocito) e uno che doveva essere attraversato dalle anime lamentose e piangenti, l'Acheronte, dopo aver pagato l'obolo al traghettatore delle anime Caronte, dagli occhi di brace. E se le anime non avevano le monete per pagare la traversata vagavano avanti e indietro per cento anni senza attraversare il fiume, aspettando così gli ingrati parenti che non avevano messo loro le due monete sotto la lingua o sopra gli occhi. Con tutto quel buio e quell'umidità, Ade era pallido in volto e certamente non di buon umore, anche se fisicamente non era poi messo così male: muscoloso, alto e con i capelli lunghi e neri, aveva il suo fascino. Infine la piega della bocca lo rendeva alla vista delle signore abbastanza attraente! Un giorno Ade era preoccupato perché sentiva forti rumori e grandi movimenti della terra. Sicuramente era Tifeo che brontolava e Ade temeva che si potesse aprire qualche voragine nel terreno e che qualche raggio solare entrasse e fendesse il buio dell'Oltretomba, con effetti deleteri sulle anime piangenti. Tifeo era un titano che all'epoca del grande Caos era riuscito a tagliare i tendini delle mani e dei piedi a Zeus, suo acerrimo nemico, e a rubargli le folgori. Alla fine Zeus aveva preso un sassolino (la Sicilia) e l'aveva scagliato addosso a Tifeo e da allora il titano aveva come unico sfiato il monte Etna, dal quale emanava le sue fiamme e i suoi lapilli vulcanici, scatenando a volte veri e propri terremoti. Ade, preoccupato, decise di prendere il suo cocchio dorato trainato da quattro cavalli neri lucentissimi dagli occhi rosso sangue e uscì dalle profondità della terra per farsi un giretto nel cielo. Si accorse subito che qualcosa gli era sempre mancato e maledisse il giorno in cui con gli altri due fratelli, Zeus e Poseidone, si erano spartiti il mondo creato. La luce dorata del sole lo colpì e lo avvolse in un grande calore, il cielo terso si confondeva con il verde delle pianure sottostanti, il profumo della natura che si stava risvegliando lo inebriava e per la prima volta si lasciò prendere dalla bellezza del mondo e della vita, lui che di vita non ne capiva granché. Mentre passava vicino ad Enna, sul lago Pergo, finalmente la vide e per l'appunto la freccia di Eros lo colpì proprio in quel momento, anche se lo stesso dio dell'amore non era sicuro di poter far innamorare un dio così pallido e glaciale come Ade. Persefone stava raccogliendo dei fiori insieme alle sue amiche figlie di Oceano e Ade fu colpito immediatamente dalla sua bellezza: portava capelli neri raccolti sulla nuca e il suo vestito leggerissimo lasciava intravedere un corpo bianco lucente che emanava un profumo inebriante. E poi quando scocca la freccia di Eros tutto è più bello, il cuore accelera i suoi battiti, gli sguardi si fissano e un leggero sorriso suggerisce un'intesa affettiva. Ti ritrovi a fissare quegli occhi, ammirando la bellezza e cercando di capire se finalmente hai trovato la tua anima gemella. Guardi fisso in un punto particolare dell'occhio: la pupilla, perché è proprio lì che si riflette la tua immagine ed è solamente in questo modo che possiamo vedere *noi stessi*. Ed entrambi gli occhi in questo percorso condiviso agiscono come uno, lo specchio dell'altro. E per essere felici ed innamorati non dobbiamo mai distogliere lo sguardo dalla pupilla dell'amata. Per uno come Ade che per molto tempo era stato in solitudine e al buio, questo era stato un grande cambiamento che lo spinse subito ad andare dal fratello Zeus a reclamare la sua regina.

"Ma perché vuoi proprio lei, che è mia figlia e per giunta tua nipote"?

"Senti caro fratellino io non sono venuto a chiederti niente, sono un tuo pari e reclamo anche per me una regina al mio fianco. Per correttezza, visto che sei il padre, ti volevo solo avvertire", gli rispose Ade.

"Ho bisogno solamente che tu mi tenga occupata per un'ora la madre Demetra in maniera che possa rapire Persefone e portarla nel mio regno".

"Ma non posso farlo: è mia figlia e Demetra è nostra sorella e non sai come potrebbe reagire" disse Zeus.

"E così il grande signore del cielo, che domina su tutto, teme la vendetta di una sorella. E poi dai fratellino con tutte le figlie che hai sparse nel mondo che cosa vuoi che ti importi" lo canzonò Ade.

"Io non temo nessuno, neanche te".

"Allora vedi che ci troviamo d'accordo! Io prenderò

Persefone, anzi la rapirò e farò di lei la mia regina" concluse Ade, congedandosi da suo fratello Zeus.

D'altronde Zeus non poteva negare la felicità al proprio fratello e l'amore è anche rapimento, lasciarsi andare, anche se temeva veramente la reazione della madre. Certo i due promessi sposi avevano dei caratteri completamente diversi: lui freddo, pallido e glaciale e lei tutta luce, fiori e sole, ma poli opposti si attraggano!

Trascorso un mese dall'incontro con Ade, come previsto, Zeus convocò sull'Olimpo Demetra (Madre Terra) per ragioni della massima urgenza. Persefone, rimasta sola, decise insieme alle sue ninfe di passeggiare nei boschi intorno all'Etna, di far sbocciare nuovi fiori e intrecciare ghirlande. Ad un tratto fu attratta da un meraviglioso ciuffo di narcisi e mentre si avvicinava per coglierli, la terra si spaccò con un rumore spaventoso e il cocchio dorato di Ade la sfiorò. Persefone si sentì avvolgere in un abbraccio glaciale e dopo essere salita in alto nel cielo insieme al carro trainato dai quattro cavalli neri, precipitò negli abissi, lanciando un urlo disumano. Le sue amiche ninfe corsero subito nel luogo dove Persefone stava raccogliendo i narcisi, ma la terra si era già richiusa e trovarono solo alcuni fiori caduti dalle mani dell'amica.

Quando Persefone aprì nuovamente gli occhi e vide il re degli inferi, capì che era stata rapita e le montò una rabbia che sfogò subito contro il suo rapitore: *"Cosa stai combinando? Cosa vuoi da me? Sono la figlia di Zeus e non appena saprà cosa mi hai fatto verrà a salvarmi".*

"A dire il vero tuo padre, nonché mio fratello sa benissimo cosa ho fatto perché mi ha aiutato lui".

"Ma sei impazzito, re degli inferi, come avrebbe potuto un padre lasciare che rapissero la propria figlia? Mi sentiranno tutti quanti!".

Nonostante la sua rabbia, Ade era deciso a farle fare la visita del suo nuovo regno e senza badare alle buone maniere che si dovrebbero riservare ad una regina, se la caricò sulle spalle e insieme scesero ancora più nel profondo della terra dell'Oltretomba per raggiungere le sponde del fiume Acheronte dove si sarebbero imbarcati per raggiungere i Campi Elisi. Solo le anime più meritevoli approdavano nei Campi Elisi e qui avevano una doppia possibilità: bere dalla Fonte della Memoria (dalla stessa acqua del fiume Lete) che avrebbe fatto dimenticare loro la vita passata e li avrebbe fatti reincarnare oppure restare nei Campi Elisi a godersi l'eternità (sai che noia!). Arrivati al palazzo reale, Ade volle decisamente impressionare e spaventare Persefone, che fino ad allora aveva tenuto un comportamento coraggioso e altezzoso, tipico di chi sa di avere Zeus come padre.

"Salutate la vostra regina e mia amata consorte Persefone" disse Ade agli strani personaggi che componevano la corte infernale (Moire, Erinne e demoni alati).

Questa volta Persefone accusò il colpo. I suoi occhi erano dilatati per lo stupore, ma anche per la paura che una tale corte incuteva. Sapeva che Ade faceva sul serio, sarebbe diventata la regina delle ombre e delle tenebre e mai più avrebbe rivisto il sole, il cielo terso e suoi amati fiori. In poche parole non avrebbe più rivisto sua madre Demetra (madre terra). In effetti sua madre Demetra era disperata di dolore, quell'angoscia che provi quando non trovi più tua figlia e immagini le peggiori sventure che potevano esserle capitate. Però con la forza che ti rimane continui a cercarla in tutti gli angoli della terra, chiedendo a tutti se avevano visto qualcosa, se qualcuno aveva qualche informazione, qualche indizio che potesse indirizzarla nella giusta direzione. E così fece Demetra che per nove giorni e nove notti se ne andò in giro per il mondo a cercare sua figlia. Chiese informazioni anche ad Ecate, la dea che conosce i segreti, ma le poche notizie ottenute non le furono utili. Si rivolse ad Helios, il dio sole: *"mio caro amico dio del sole che con i tuoi raggi scaldi tutta la terra e illumini tutto il creato, sai dirmi dove può essere finita mia figlia Persefone"?*

"Purtroppo non posso aiutarti perché i miei raggi non possono penetrare dove tua figlia è tenuta prigioniera" le rispose Helios. *"Rivolgiti al dio degli inferi, tuo fratello; ho sentito delle voci che mi hanno riferito che ora tua figlia regni insieme a lui nel mondo di chi non fa ritorno".*

La speranza di Demetra di rivedere sua figlia lasciò il posto alla più cupa disperazione, realizzò che anche per gli dei il destino poteva essere irreversibile e segnato, e trasformò la sua disperazione in rabbia contro la natura, devastando raccolti e allevamenti. Fece seccare molte piante e fece marcire frutti e ortaggi. Il gelo e la siccità resero la terra un posto inospitale, arida, dove la vita non fu più possibile. Infine andò da suo fratello Zeus a lamentarsi perché sicuramente se tutto questo era accaduto, una certa colpa la doveva avere anche lui.

"Come hai potuto lasciare che nostro fratello rapisse nostra figlia? Come hai potuto darmi questo grande dolore? Togliere una figlia a sua madre è un atto drammatico che può avere dei risvolti negativi per entrambi."

Zeus rimase in silenzio perché lo tormentava vedere Demetra in quelle condizioni e non sapeva come consolarla. Poi alla fine si fece coraggio e le parlò: *"nostra figlia ora siede a fianco di un dio e governa un grande regno, non mi sembra che le sia capitata una mala sorte"*!

"Ma sei forse impazzito? Come si può essere felici in un regno freddo e buio, senza vedere la luce del sole o il profumo dei fiori e vivere tutta la vita in un posto dove non c'è più vita! Preferisco di gran lunga la vita di un mortale in una terra fertile e profumata, ondulata dal vento e riscaldata dai raggi solari".

In effetti Demetra aveva proprio ragione e questo Zeus lo sapeva bene. Non appena gli cadde la vista sulla Terra e vide tutti i terreni aridi, dove non crescevano fiori, frutti e ortaggi, dove tutto era morte, comprese il dolore che stava provando questa madre e si convinse che doveva prendere una decisione, restituendo Persefone a sua madre.

"Va bene mi hai convinto. Manderò Hermes a comunicare la mia decisione: tua figlia ti sarà restituita a patto che lei non abbia toccato cibo nel mondo sommerso. Per il bene di tutto il mondo".

La legge delle Moire parlava molto chiaro: chi mangiava cibo nell'Averno (altro nome dell'Oltretomba), sarebbe rimasto per sempre nel regno di Ade.

Nel frattempo Persefone, rimasta sola nella sua stanza, ripensava a quell'assurdo rapimento e si domandava perché suo zio avesse scelto come regina di un vasto e sconfinato impero proprio lei. In fondo non era un'assidua frequentatrice dell'Olimpo. Le poche voci sul dio della morte parlavano di un dio torturatore di anime e invece aveva provato un certo calore al suo fianco e poi quel sorriso che le aveva fatto prima di uscire dalla sua camera era stato rassicurante e premuroso. Il suo cuore aveva cominciato a battere più velocemente e non sapeva se per paura o per affanno amoroso. Le ninfe elise la trovarono al mattino di buon umore e dopo un bel bagno la lasciarono nuovamente da sola nella stanza. La porta della sua stanza però non era stata chiusa a chiave e nessuno era stato messo di guardia e così Persefone si lasciò sedurre da quello che sembrava un cielo e da quelli che sembravano campi sconfinati, cominciando a camminare a casaccio intorno alla reggia. Allontanandosi dal castello, sentiva una presenza oscura alle sue spalle, ma facendo finta di nulla continuò la sua passeggiata, allungando il passo, quasi correndo. Non sapendo però dove andare, ben presto si ritrovò in una strada senza uscita e a quel punto non restò altro che voltarsi. Quello che vide non le fece di certo piacere: un solo paio di gambe che reggeva tre corpi di donna distinti con tre teste e sei braccia.

"*Salve, stavo cercando la via di uscita, ma temo di essermi persa. Io sono la regina della Primavera e lei…voi chi siete?*" disse per prima Persefone.

"*Io, anzi noi siamo Ecate, dee della magia e dell'oscurità, le figlie della notte: Lamie, Empuse ed Erininni e siamo qui a proteggere la nostra regina su ordine di Ade*" rispose Ecate.

"*ma io non ho bisogno di protezione e voglio solo tornare a casa. Gli inferi non sono il mio regno*" rispose seccata Persefone.

"*Siete la sposa di Ade e quindi avete l'obbligo di governare il regno degli inferi. Venite con noi che vi mostreremo il bello e anche il brutto di questo posto*" rispose la donna con tre teste.

Persefone fu presa da una grande curiosità: nessuno aveva avuto l'opportunità di girare l'inferno, esplorando posti nuovi e incontrando magari creature infernali come Ecate.

"C'è un piccolo problema: io sono stata rapita da Ade e sono sua prigioniera. Quindi non posso tornare a casa mia o andare in giro indisturbata per l'inferno".

"Ma voi siete già a casa vostra, questo è il vostro regno e non siete affatto prigioniera. E poi perché rinunciare a governare un così vasto e ricco regno accanto ad un marito che vi ama e vi venera?" rispose Ecate.

"Siete sicure che Ade mi ama e mi venera"? chiese stupita Persefone.

"Certo! Quando mai un Dio come Ade avrebbe condiviso il suo regno con qualcuno? O degnato di uno sguardo un'altra Dea? Rispose Ecate.

A quelle parole, Persefone rimase pensierosa e allo stesso tempo onorata, pur continuando a pensare che il suo sposo rimaneva comunque un villano e un bruto. Non ci vuole molto per far risvegliare il cuore di una donna, la promessa di un amore e il rispetto della persona.

Ormai la dea aveva in cuor suo già preso una decisione: sarebbe rimasta e si sarebbe concessa al suo re.

Ade si era infatti innamorato e quella notte fu indimenticabile. Al mattino aveva ancora l'odore di Persefone, di fiori e di sole addosso, anche se era pienamente consapevole che quel momento idilliaco non sarebbe durato a lungo.

Quando Hermes giunse negli Inferi per comunicare la risoluzione di Zeus, Persefone e Ade erano seduti accanto. Lei stava con gli occhi chiusi, tanto nel mondo del buio e dei lamenti, non serve tenere gli occhi aperti. La sua pelle bianca sembrava marmo freddo, nonostante gli abbracci e le consolazioni di Ade che non riuscivano a scaldarle il corpo. Ade dovette sottostare alla legge divina e nonostante il suo cuore spezzato lasciò andare la sua sposa. Era stato l'unico soffio di calore in quel mondo gelido, l'unica pallida luce nel mondo delle ombre, ma allo stesso tempo era consapevole che non poteva costringere la sua amata ad un'eterna infelicità. Baciò e abbracciò Persefone per l'ultima volta, regalandole un melograno che nel lungo viaggio di ritorno la potesse ristorare.

Anzi, in un gesto più erotico che affettuoso, prese alcuni chicchi di melograno e glieli mise in bocca.

Persefone seguì Hermes e arrivata al cospetto di Zeus sull'Olimpo dopo aver rivisto il sole e la luce ebbe un brutto presentimento. La prima cosa che Zeus le chiese fu se durante la sua permanenza nel Tartaro avesse mangiato qualcosa.

"No mio signore. Solo l'ultimo giorno Ade mi ha fatto assaggiare sei chicchi di melograno" rispose avvampando.

"Figlia mia, la legge delle Moire parla chiaro: se si consuma del cibo nel Tartaro, per sempre si rimane prigionieri di quel posto!"

Zeus ebbe la certezza che suo fratello Ade avesse ingannato sua figlia, ma allo stesso tempo aveva la sensazione che anche lei si fosse lasciata ingannare. Non rimaneva altro che utilizzare il suo potere e la sua magnanimità per trovare una soluzione che potesse accontentare Ade, ma anche sua sorella Demetra, la madre di Persefone e che la stessa possa ritornare a far fiorire la Terra, a rendere fertili i campi e a far spendere la luce. E così decise: *"Figlia mia, non possiamo oramai tornare indietro. Quel che è stato è stato e il tuo destino è segnato perché il tuo amore è richiesto da due persone importanti nella tua vita: tuo marito e tua madre ed entrambe hanno lo stesso diritto. Quindi per sempre sarai divisa tra l'amore di tua madre e quello di tuo marito e pertanto per sei mesi all'anno vivrai sulla terra accanto a tua madre e per gli altri sei mesi vivrai nel buio accanto a tuo marito, il signore dei morti. Questo è deciso"* sentenziò Zeus.

E così nacquero le stagioni: quando Persefone vive il buio dell'inferno accanto a suo marito, la terra è arida, fredda, si ricopre di ghiaccio e di neve perché Demetra piange la sua assenza e dipinge la Terra di morte. E quando invece Persefone lascia il suo sposo per tornare dalla madre, questa fa una grande festa, ricoprendo il mondo di fiori e di frutti, di luce e di calore, aiutando gli uomini a coltivare i campi e ad allevare gli animali.

Da allora gli uomini hanno imparato ad aspettare: sanno che un dolore non è mai per sempre e così anche per un piacere o per la felicità o l'infelicità. Conoscono e sanno apprezzare con saggezza anche un'infelicità perché sanno che prima o poi Persefone tornerà e Demetra le organizzerà una grande festa. Anche nella nostra anima ci sono continue trasformazioni. Siamo allegri e sorridenti, pieni di entusiasmo, di calore e di luce, anche se fuori è nuvolo e piove, ma spesso oltrepassiamo quel confine e ci sentiamo tristi, freddi e oscuri, anche se fuori è sereno e c'è il sole.

Zeus fu pienamente soddisfatto della decisione presa, ma quello che realizzò, fù che Persefone conosceva la legge delle Moire e che aveva consapevolmente mangiato i chicchi di melograno. Perché l'amore è anche buio, oscurità, e, somigliando un po' alla morte, riesce ad ingannarla e a tenerla lontana dalla vita.

Figura 30 Il ratto di Proserpina - Gian Lorenzo Bernini

La storia antica che vi ho raccontato fa parte di quei riti religiosi chiamati misteri eleusini, che venivano celebrati inizialmente a Creta e, dopo la conquista da parte dei greci, in tutta la Grecia antica. Demetra, Persefone, Zeus e Dioniso erano divinità cretesi che successivamente furono celebrati in tutta la Magna Grecia. Durante questi nove giorni in cui si celebravano i misteri eleusini, tutta la popolazione di qualsiasi ceto sociale, compreso concubine e schiavi, si ritrovavano e vivevano un'esperienza mistica, un evento collettivo per sostenere valori egualitari. I misteri rappresentavano una sorta di Eden mitico, un sogno utopico di giustizia sociale, di libertà e di ricerca della propria felicità. Nell'isola di Creta, prima che venisse conquistata dai Greci e prima che venisse instaurato il patriarcato, esisteva una società di partenariato nella quale donne e uomini avevano pari diritti e uguali responsabilità. Le donne avevano un ruolo importante, perché sapevano come migliorare la vita della società e per certi versi i misteri eleusini rappresentano, con le dovute cautele, i moderni movimenti delle donne negli anni Settanta, i movimenti per i diritti civili e per i gay e lesbiche o i movimenti ambientalisti. Insomma, non siamo poi così distanti dai temi trattati nel libro! I misteri eleusini non erano scritti e si tramandavano oralmente e questo perché non tutti sapevano leggere e scrivere. In questo modo era anche più facile adattarli negli anni ai cambiamenti sociali di chi li praticava. Ovviamente questo ha comportato il fatto che i Misteri siano giunti a noi attraverso la lente di filosofi e scrittori che li hanno raccontati; non sappiamo quindi con certezza quello che avveniva durate le celebrazioni. La storia di Demetra e di Persefone è importante perché dimostra la personalità e la volontà di opporsi al dominio degli uomini e alla legge di Zeus, oltre ad essere una bellissima storia di amore tra una madre e una figlia. E solo una donna può provare un amore così profondo per un figlio o una figlia e un dolore così immenso nel perderli. E questo perché solo la donna ha un potere assoluto, invidiato da Re e Sovrani, che è il potere di vita e di morte. La capacità di generare vita attraverso il parto, regala alla donna un potere immenso, ma anche un dolore indescrivibile quando si sperimenta la perdita di un figlio. Demetra sperimenta la perdita della figlia ed è profondamente addolorata della sua "morte". Nessun genitore dovrebbe sopravvivere al proprio figlio: è una eccezione della legge naturale che dovrebbe seguire una logica sequenza legata all'anzianità. La storia di Demetra e di Persefone ci insegna però che un dolore e anche un piacere non sono mai per sempre e gli uomini imparano ad aspettare perché dopo il freddo inverno arriva sempre la primavera, e poi l'estate e dopo ancora l'autunno; e poi ritorna ancora una volta l'inverno, in un eterno ritorno rappresentato molto bene dall'uroboro, il serpente che si mangia la coda, a rappresentare la circolarità delle stagioni e della vita.

Figura 31 Uroboro.

Capitolo 3 Una finanza buona.

Facciamo risalire la nascita del primo fondo etico al 1928, quando Philp L. Carret lanciò in America il Pioneer Fund, un fondo etico che escludeva dai propri investimenti alcuni asset considerati peccaminosi come alcol, tabacco, gioco d'azzardo, droghe, fabbriche di armi e ovviamente tutte quelle aziende che praticavano la schiavitù. Anche negli anni successivi gli utenti finali (i risparmiatori) hanno impedito a grandi aziende americane come General Motors di avere relazioni commerciali con il Sudafrica o di avere investimenti in aziende colluse con il sistema dell'Apartheid.[23] Numerose sono state le proteste per la guerra in Vietnam e portarono alla nascita di fondi che non investivano in aziende attive nel mercato delle armi. E nel 1980 la Boston Bank crea un indice finanziario che include tutte le aziende che non hanno relazioni o investimenti con il Sud Africa e circa una decina di anni dopo anche in Italia nasce il primo fondo etico, Sanpaolo salute e ambiente, che investe almeno il 60% delle risorse finanziarie in aziende che riciclano rifiuti e depurazione delle acque o in aziende farmaceutiche che si impegnano nella ricerca scientifica e che lavorano per uno sviluppo sostenibile. Negli anni novanta si affermano i primi fondi etici e circa venti anni prima, nasce la Grameen Bank, la prima banca del microcredito ad opera di Muhammad Yunus professore di economia e premio Nobel per la pace nel 2006. È molto interessante il racconto che fa il professor Yunus della nascita della Grameen Bank, una banca che a differenza delle altre presta il proprio denaro sulla fiducia, come dovrebbe essere, nelle persone, nel proprio lavoro e nella propria dignità di gente povera, rispettosa dei valori di base della comunità.

A partire dagli anni Novanta anche in Italia si diffondono i primi fondi etici o SRI (Social Responsable Investment) che permettono anche ai piccoli risparmiatori di investire somme modeste, che hanno un impatto positivo sull'ambiente, sul

---

[23] L'apartheid era la politica di segregazione razziale istituita nel 1948 dal governo di etnia bianca del Sudafrica e rimasta in vigore fino al 1991.

sociale e sul governo societario. Si introduce un elemento nuovo negli investimenti finanziari che oltre a tenere conto dei parametri usuali come rendimento e rischio, tiene conto anche dei risvolti etici e sociali nei confronti di tutti gli stakeholder ovvero di tutti i soggetti coinvolti. La novità importante è che ogni società in questo processo oltre a massimizzare i profitti, tiene conto della creazione di valore per tutti i soggetti coinvolti: gli azionisti, gli obbligazionisti, i dipendenti, le famiglie che abitano nella zona operativa dell'azienda, ma anche i fornitori e i clienti della stessa. Insomma si tiene conto di tutti i soggetti (stakeholder) che hanno a che fare con l'azienda e la finalità della stessa è quella di creare valore per tutti. Le società di gestione del risparmio che hanno la responsabilità di selezionare i titoli in cui investire le somme dei risparmiatori, tengono conto di tutte queste valutazioni, ovvero della rischiosità ESG[24] per selezionare le aziende nella quali investire (universo investibile), evitando quelle che non rispettano i criteri di sostenibilità ambientale, sociale e buona governance. Il sistema economico e finanziario non può rimanere indifferente ai rischi che i cambiamenti climatici, le problematiche sociali e un'attività di gestione scorretta possono avere nei confronti della società stessa e dei suoi cittadini. Improvvise inondazioni o eventi climatici catastrofici hanno ripercussioni non solo sull'ambiente stesso, ma generano danni ai cittadini che abitano in queste zone e danni alle aziende. Impoveriscono il territorio ambientale, ma anche quello sociale con le popolazioni che trovandosi in condizioni di carestia o di inondazioni sono costrette a migrare verso altri territori più fertili. Su piano della buona conduzione di una azienda, è superfluo ricordare i numerosi scandali che hanno travolto aziende a causa di corruzione, di evasione fiscale, di pratiche elusive e di altri comportamenti scorretti, che hanno influito sulla cattiva reputazione aziendale e quindi sul proprio valore economico e finanziario. Le stesse banche d'affari sono state travolte da questi scandali e dall'avidità del guadagno a

---

[24] Enviromental, Social, Governance

qualsiasi costo. Sono i figli di "Gekko"[25] che per anni hanno continuato a speculare senza tenere conto di tutte le conseguenze negative che potevano causare alla comunità, con l'unico obiettivo di perseguire guadagni a qualsiasi condizione. E le conseguenze poi sono state pagate da tutti noi negli anni successivi alla Grande Recessione del 2008. La crisi del sistema finanziario nel 2008, che si era poi trasformata in crisi economica (recessione) e sociale, aveva allontanato il sistema bancario e finanziario dall'economia produttiva, dalle persone e dalla società. È per questo che a partire da allora il sistema finanziario ha adottato delle misure che l'avrebbero poi riportato sul binario corretto: quello dell'etica. Per farsi perdonare da tutte le pecche commesse nel passato, il sistema finanziario ha cominciato a cambiare rotta, dirigendo una parte dei risparmi raccolti verso quelle società che presentavano un rischio ESG ridotto. Si prova a passare da un paradigma storico della supremazia del profitto aziendale (Friedman anni '70) e da una visione a corto raggio, ad una visione a lungo termine e allo "shared value" (valore condiviso), accogliendo il nuovo paradigma delle 3P: "People" "Planet" e "Profit".

Figura 32 Triple botton line di Elkington 1997.

Il paradigma del "valore condiviso" viene introdotto da Porter e Kramer nel 2011 e consiste nel fatto che le imprese rafforzano il proprio valore competitivo se sono in grado di produrre del

---

[25] Gekko è il protagonista del film Wall Street di Oliver Stone.

valore condiviso con tutti i soggetti coinvolti e non solamente gli azionisti di riferimento.

Già dai primi anni del nuovo secolo le Nazioni Unite avevano emanato una serie di Principi, volontari e ambiziosi, rivolti al settore bancario, finanziario e assicurativo al fine di incorporare i rischi Esg nelle valutazioni e nell'attività concretamente svolta in ogni ambito. I "Principles for Responsible Investment" sono stati emanati dalle Nazioni Unite nel 2006 e contengono 6 principi fondamentali per gli investimenti sostenibili:

1) Integrare le tematiche ESG nell'analisi e nei processi decisionali riguardanti gli investimenti.
2) Essere azionisti attivi e incorporare le tematiche ESG nelle nostre politiche e nelle nostre pratiche di azionariato attivo.
3) Chiedere un'adeguata comunicazione relativamente alle tematiche ESG da parte degli enti nei quali investiamo.
4) Promuovere l'accettazione e l'applicazione dei Principi nel settore finanziario.
5) Collaborare per migliorare la nostra efficacia nell'applicazione dei principi.
6) Comunicare le nostre attività e i progressi compiuti nell'applicazione dei principi.

Dal 2006 ad oggi numerosi investitori istituzionali hanno aderito ai principi di sostenibilità e ad oggi sono oltre 5000 i soggetti aderenti con masse finanziarie sempre maggiori e così distribuiti nel mondo:

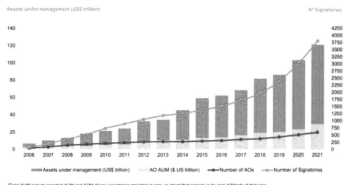

Figura 33 Aum e n. aderenti ai Principi per investimenti responsabili. Fonte PRI.

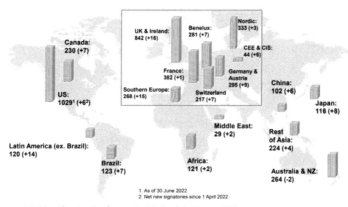

Figura 34 Distribuzioni aderenti ai Principi. Fonte PRI.

A seguire, nel 2012 sono stati emanate dalle Nazioni Unite i Principi per i prodotti assicurativi sostenibili (Principles for sustainable insurance) e a seguire nel 2019 i Principi per i prodotti bancari responsabili (Principles for responsible banking).

Per comprendere bene questo nuovo tipo di finanza, una finanza buona, occorre tenere sempre a mente i 3 fattori della sostenibilità rappresentati dall'acronimo ESG. L'acronimo è composto dalle tre parole inglesi **E**nvironmental (ambiente),

Social (sociale) e Governance (buon governo) ovvero tutte le tematiche che riguardano la preservazione dell'ambiente, il rispetto dei diritti umani e il buon governo societario. A titolo di esempio nella **E** di Environmental possiamo trovare le tematiche riguardanti il cambiamento climatico, l'inquinamento, il riciclo e la gestione dei rifiuti, la deforestazione e la cementificazione del terreno e lo sfruttamento delle risorse naturali. Nella **S** di Social possiamo trovare tematiche riguardanti la salute e la sicurezza, la diversità di genere, le condizioni di lavoro, la schiavitù e il lavoro minorile ecc. e nella **G** di Governance, le tematiche che riguardano la corruzione e la concussione, la remunerazione dei responsabili di azienda, la composizione del consiglio di amministrazione o degli organi dirigenti dell'azienda e la partecipazione del genere femminile alle decisioni aziendali. Da notare che le varie tematiche sono strettamente collegate ai traguardi indicati nell'Agenda 2030 per lo Sviluppo Sostenibile di cui abbiamo parlato nel capitolo precedente. Conoscere i fattori ESG consente di valutare l'impatto che gli stessi hanno nelle varie società in maniera da poter stilare per ogni società quotata e non, un profilo di rischio ESG (di sostenibilità), che ovviamente varia a seconda del settore di appartenenza. Un'azienda che opera nel settore prodotti chimici ha una rischiosità ambientale maggiore rispetto ad un'azienda bancaria e quest'ultima presenta una rischiosità ESG maggiore per quanto riguarda la Governance rispetto ad altre aziende. Si tratta quindi di riconoscere gli impatti più o meno forti che le varie tematiche di sostenibilità possono avere sulle performance del titolo stesso e sulla credibilità del suo gruppo dirigente. Il profilo di rischio e la valutazione di materialità può portare a valutazioni di sostenibilità e a rating di sostenibilità che sono utili ai gestori di portafoglio, ma anche ai singoli risparmiatori che intendono investire i propri risparmi su società che presentano caratteristiche di sostenibilità ambientale, sociale e di buon governo. Se una società ha un basso rischio ESG e quindi un alto rating di sostenibilità ha meno probabilità di altre di avere performance negative a causa di scandali, corruzioni, esborsi per inquinamento o altre multe per comportamenti scorretti. Uno degli strumenti di supporto per la determinazione degli impatti ESG su un'azienda è stato creato da Sasb, un'organizzazione no profit fondata nel 2011, che ha ideato una mappa di materialità con la quale si possono confrontare aziende appartenenti a settori commerciali diversi e misurare se un rischio ESG è più o meno "materiale" (impattante) su tale azienda. Ecco come si presenta la mappa di materialità di Sasb:

Figura 35 Mappa di materialità di Sasb.

La mappa si compone di 26 temi o questioni ESG raggruppati in 5 ambiti rilevanti: Ambiente (Environment), Capitale sociale, Capitale umano, Modello di Business e innovazione, Leadership e Governance, riportati sul lato sinistro della mappa. I settori presi in considerazione sono 11 definiti sulla base della Sustainability Industry Classification System, riportati in alto, in senso orizzontale e come si può vedere per ciascun settore la materialità di uno o più rischi Esg, ha un impatto diverso a seconda del settore in cui un'azienda opera: un'azienda che opera nel settore delle estrazioni energetiche ha una forte materialità con i temi ESG relativi all'ambiente, mentre un'azienda che opera nel settore finanziario non ha nessun impatto nell'ambiente, ma potrebbe avere una materialità ESG maggiore nel settore del Capitale sociale e nella Governance (Businness Ethics). Il colore, grigio scuro, grigio chiaro e bianco, rappresenta l'impatto di una questione di sostenibilità per quel settore da alta (grigio scuro) a media (grigio chiaro) o assente (colore bianco).

Perché risulta importante che ogni azienda si confronti con la mappa della materialità? Perché come più volte ricordato si sta passando da un concetto di creazione di valore per i soli azionisti dell'Azienza, ad un concetto di valore condiviso tra tutti i soggetti coinvolti (stakeholders). Creare valore per tutti i soggetti non è solamente una questione etica, ma rappresenta nel tempo un fattore chiave di generazione di valore anche per gli azionisti. Come vedremo più avanti adottare un modello di sviluppo sostenibile, permette alle aziende di avere una performance operativa e di mercato notevolmente migliore. Si stanno sempre di più diffondendo, soprattutto tra le giovani generazioni, i temi ambientali e sociali e molti consumatori sono disposti a comprare prodotti ecologici anche se più costosi o molti investitori sono disposti a investire solamente in società che hanno politiche ambientali e sociali sostenibili. Quindi i fattori ESG diventano sempre più importanti nelle scelte di chi investe e le masse in gestione hanno subito negli ultimi anni una crescita esponenziale. Inoltre la maggior parte degli studi accademici hanno dimostrato che adottare strategie di investimento ESG non sacrifica il rendimento delle attività finanziarie, ma anzi ne esalta nel lungo periodo il valore.

ESG nei mercati azionari
Confronto tra benchmark azionari tradizionali e indici back-tested incentrati su criteri ESG, per area geografica, 2012-2018

	USA		Mondo ex-USA		Mercati emergenti	
	Tradizionali	Incentrati sui criteri ESG	Tradizionali	Incentrati sui criteri ESG	Tradizionali	Incentrati sui criteri ESG
Performance annualizzata	14.4%	14.5%	7.7%	8.1%	4.3%	5.7%
Volatilità	9.7%	9.8%	11.5%	11.5%	14.4%	14.4%
Sharpe ratio	1.42	1.42	0.62	0.64	0.25	0.35
Max. drawdown mensile	-13.9%	-13.9%	-23.3%	-22.7%	-35.2%	-33.1%
P/E	19.6	19.9	17.0	16.9	13.4	13.6
Dividend yield	2.0%	2.0%	3.2%	3.2%	2.7%	2.9%
Numero di titoli	621	313	1,012	453	855	300
Punteggio ESG	5.4	6.5	6.6	7.8	4.4	6.1

Figura 36 Confronto tra benchmark azionari tradizionali e indici incentrati su criteri ESG. Fonte BlackRock novembre 2018.

Come possiamo vedere dalla foto la performance dei

benchmark che hanno integrato fattori ESG non hanno subito penalizzazioni nel periodo considerato 2012-2018 hanno avuto qualche decimale di rendimento in eccesso.

Ovviamente per le imprese integrare i fattori ESG nei propri processi produttivi rappresenta un costo operativo che è fortemente ripagato nel tempo: una gestione ambientale attenta può efficientare i costi di produzione e migliorare la redditività; può evitare sanzioni penali e blocchi operativi per sversamento di liquidi dannosi e ripristino delle condizioni ottimali (vedi sversamento di petrolio in mare della British Petroleum nel 2010); le aziende possono vantare una maggiore reputazione se offrono prodotti ecologici e sicuri; riescono ad attrarre i migliori collaboratori o lavoratori se praticano delle buone politiche in materia di retribuzione, sviluppo, benefit, salute e sicurezza. Infine se il consiglio di amministrazione pratica una buona governance, trasparente e non soggetta a corruzione, riduce sensibilmente rischi di natura penale e non ostacola una sana crescita aziendale. Insomma adottare i criteri di sostenibilità ESG può creare un'azienda più efficiente e sana e contribuire anche ad una società nel suo complesso migliore. Anche sul mercato obbligazionario l'impatto dei criteri ESG costituisce un importante valore aggiunto in termini di performance e di volatilità, ma su questo tema gli studi che sono stati fatti sono molto meno numerosi rispetto al mercato azionario e quindi poco significativi a livello statistico. In ogni caso più è alto il rating ESG dell'emittente dei titoli obbligazionari e più risulta affidabile anche da un punto di vista di rischiosità, oltre a garantire un marginale rendimento complessivo dell'investimento. In particolare risulta, come è ovvio immaginarsi, che il fattore della Governance è prioritario rispetto agli altri due temi di sostenibilità. Una buona società che rispetta la parità di genere, che non presenta casi di corruzione nel suo consiglio direttivo è più affidabile rispetto ad altre che presentano carenze sul lato della governance aziendale. Quest'anno (2023), dopo una pausa dovuta allo scoppio della guerra in Ucraina e alla crisi energetica, dovrebbero riprendere, sempre secondo Barclays, le emissioni di obbligazioni societarie con obiettivi ambientali, sociali e di governance. Nel 2022 infatti i volumi delle emissioni sono diminuiti del 22% e le emissioni sono calate a livello mondiale a 362 miliardi di dollari rispetto i 461 miliardi del 2021. Charlotte Edwards, capo della ricerca ESG di Barclays ha dichiarato che l'emissione di green bond continuerà a dominare il mercato grazie alla forte domanda e a un lungo elenco di progetti verdi che necessitano di finanziamenti. Ecco le performance a confronto di due indici obbligazionari corporate dal 2016 al 2020:

Historical statistics using daily returns from January 2016 to August 2020
Fonte: Bloomberg, 01/09/2020, NN Investment Partners

Figura 37 Performance a confronto indici obbligazionari corporate.

Anche se i differenziali di rendimento non sono così elevati come quelli osservabili sul mercato azionario, si assiste ad uno scostamento, seppur minimo, nel rendimento cumulativo e sicuramente è maggiore dove il fattore G (Governance) è predominante nell'emittente.

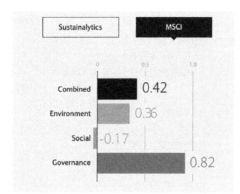

Figura 28 Spread di rendimento per fattori ESG.

L'elevato profilo di sostenibilità di un emittente ha un impatto positivo sul rating di rischio della società e quindi una valutazione di merito creditizio più affidabile. Questo comporta che l'emittente possa avvalersi di spread più contenuti rispetto ad emittenti che non godono di questo merito creditizio e sul lato dei risparmiatori, quest'ultimi sono disposti a ottenere un marginale spread ridotto se per una buona causa come quella ambientale o sociale.

Vediamo alcune società di rating che hanno il compito di analizzare numerose aziende e in base al settore di appartenenza esprimere un giudizio di valutazione di sostenibilità ESG, applicando dei giudizi sintetici che a volte sono rappresentati da "globi", a volte da "lettere" o da altri simboli, che ci fanno capire quanto un'azienda è esposta a rischi ambientali, sociali e di buona governance. Un rischio ESG elevato, ovvero un'esposizione a rischi di sostenibilità alti, esprime un giudizio negativo sulla sostenibilità di tale azienda. La società di rating Sustainalitics analizza le aziende in base ai fattori ESG e al settore economico di appartenenza, al lavoro della squadra manageriale nel contenere e gestire i vari rischi ESG e come sono affrontate le controversie. Quindi prima di assegnare un rating, Sustainalytics analizza:

-   La materialità ESG ovvero l'esposizione dell'azienda ai rischi ESG in base al settore di appartenenza;

- Assegna un punteggio da 0 a 100 per ogni rischio ambientale, sociale e governance.

Facciamo un esempio concreto con l'analisi di Banca Generali:

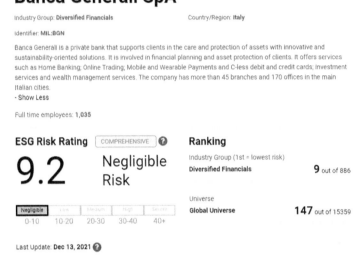

Figura 39 Rating Sustainalytics di Banca Generali.

Il rating di rischio ESG è molto basso (trascurabile) e il confronto con altre aziende dello stesso settore è molto significativo:

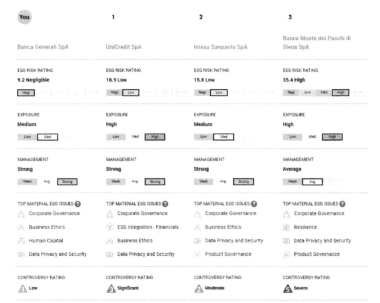

Figura 40 Comparazione rating Sustainalytics tra aziende bancarie italiane.

Si va da un rating basso (low) delle due principali banche italiane, Intesa e UniCredit, ad un rating di rischio ESG elevato per Banca Mps. Tralascio ogni altra considerazione altrimenti qualche lettore potrebbe accusarmi di imparzialità, ma per fortuna i giudizi delle società di rating non sono da me influenzabili e sono quindi orgoglioso di lavorare per un gruppo bancario che ha fatto della sostenibilità ESG una missione importante e primaria.

Altra società di rating ESG è Morgan Stanley che oltre i rating ESG fornisce numerosi indici benchmark utilizzati da quasi tutte le società di gestione del risparmio. Il criterio di analisi si basa su 4 punti essenziali:

1) Quali sono i rischi ESG più significativi per la società e per il settore merceologico di appartenenza;
2) Quanto è esposta l'azienda a tali rischi;
3) In quale misura l'azienda gestisce tali rischi;
4) Quale è il quadro complessivo di tale azienda e come si confronta con un'azienda omologa.

Le valutazioni Esg di Morgan Stanley mirano ad identificare quelle che sono le società "leaders" con rating di tipo AAA e AA, quelle con posizione intermedia con rating A, BBB e BB, e quelle che hanno un rating mediocre con rating B e CCC.

Prendiamo ad esempio un'azienda come Assicurazioni Generali e vediamo come viene classificata da Morgan Stanley:

Figura 29 Rating MSCI ESG su Ass. Generali.

La compagnia assicurativa Generali, operando in un determinato settore non troppo impattante per i criteri ESG, almeno per quel che riguarda l'ambiente, ha un rating di eccellenza (leader) con il massimo dei voti (AAA) e nel corso del tempo ha migliorato il proprio rating di sostenibilità.

Figura 30 Rating Ass. Generali history.

La stessa logica di valutazione, Morgan Stanley, la applica ai Paesi, ai fondi comuni di investimento e agli etf in maniera che gli investitori abbiamo una metrica di valutazione semplice e possano prendere decisioni di investimento più consapevoli almeno in materia di sostenibilità.

A volte però è necessario per gli investitori tradurre in termini semplici i rating stessi di sostenibilità dei prodotti finanziari e dei titoli in cui devono investire e credo di non sbagliarmi che la società Main Street Partners abbia sviluppato una metrica semplice e comprensibile al comune investitore, traducendo il rating di sostenibilità ottenuto da un fondo, un titolo o un etf in concetti facilmente fruibili. Facciamo un esempio per chiarire questo concetto.

Analizziamo un fondo che ha un buon rating ESG come Robeco Circular Economy Equities (LU2292538324) un fondo azionario gestito dalla Sgr Robeco, molto attenta alle tematiche di sostenibilità che investe nell'economia circolare ovvero un sistema economico che ha come obiettivo principale quello di riutilizzare i materiali scartati e anzi fare degli scarti la materia prima per un nuovo ciclo produttivo. L'analisi ESG di Main Street Partners è la seguente:

Il fondo azionario RobecoSAM Circular Economy Equities adotta un approccio tematico combinato con criteri di integrazione ESG attraverso il quale investe a livello globale in società che promuovono modelli di business ed il consumo responsabile. Il fondo rispetta i criteri di esclusione di Robeco tra i quali armi non convenzionali, combustibili fossili e alcool. Il team di gestione utilizza dati ESG elaborati da analisti dedicati alla ricerca di sostenibilità di RobecoSAM.

Figura 43 Rating fondo Robeco Circular Economy Equities.

Il punteggio ottenuto su una scala che va a 1 a 5 è di 4,61 con una descrizione in cui si afferma che la società adotta dei criteri di esclusione[26] di società non operanti nel settore delle armi, combustibili fossili e alcool. Inoltre la valutazione ci dice subito quale dei 17 obiettivi dell'Agenzia Onu è maggiormente impattata da tale strategia di investimento (nel caso preso in esame l'obiettivo n. 12 Consumo e produzione responsabile).

Figura 44 Contributi ESG del fondo.

La società di valutazione Main Street traduce poi in un linguaggio semplice e comprensibile l'impatto che un investimento di € 100.000 per un anno ha nei confronti delle metriche di sostenibilità ESG. Nel caso specifico l'impatto di tale investimento contribuisce ad una riduzione di 8116 kg di CO_2 che corrispondono (dato maggiormente comprensibile) in 109 viaggi in auto da Milano a Roma. Oppure di 52 pasti di cibo naturale e/o biologico prodotto e distribuito per quanto riguarda l'aspetto *Social*.

Figura 45 Analisi rating per singolo contributo.

Inoltre per ogni singolo contributo ESG, viene assegnato un

---

[26] Parleremo più avanti dei vari criteri di selezione dei titoli da parte delle Sgr.

relativo rating di sostenibilità: nel nostro esempio il fondo ha un rating di 4 per la riduzione dell'inquinamento nell'aspetto "Ambiente" (Environmental), un rating di 4 per il cibo naturale nell'aspetto "sociale" (Social) e 3,5 per i consiglieri indipendenti nella Governance.

Figura 46 Partecipazioni analizzate all'interno del fondo.

Infine la società Main Street mostra le *holding* principali che contribuiscono alla valutazione complessiva di sostenibilità e che fanno parte delle partecipazioni del fondo in questione.

Tra le varie società di rating ESG esistono criteri di analisi diversi e soprattutto si basano su documentazione fornita dalle società non conforme e standardizzata. Questo comporta che il giudizio finale possa essere discordante e non correlato tra le varie società di rating. Si tratta di un argomento noto al mondo accademico e difficile da comprendere alla luce dei rating creditizi. Infatti se una società di rating assegna ad un emittente un rating creditizio di tripla A, difficilmente un'altra società di rating tipo Moodys assegnerà un rating di tripla B. Nel mondo dei rating ESG invece le divergenze sono notevoli e le correlazioni vanno da un minimo di 0,38 ad un massimo di 0,71.

	KL SA	KL VI	KL RS	KL A4	KL MS	SA VI	SA RS	SA A4	SA MS	VI RS	VI A4	VI MS	RS A4	RS MS	A4 MS	Average
ESG	0.53	0.49	0.44	0.42	0.53	0.71	0.67	0.67	0.46	0.7	0.69	0.42	0.62	0.38	0.38	0.54
E	0.59	0.55	0.54	0.54	0.37	0.68	0.66	0.64	0.37	0.73	0.66	0.35	0.7	0.29	0.21	0.53
S	0.31	0.33	0.21	0.22	0.41	0.58	0.55	0.55	0.27	0.68	0.66	0.28	0.65	0.26	0.27	0.42
G	0.02	0.01	-0.01	-0.05	0.16	0.54	0.51	0.49	0.16	0.76	0.76	0.14	0.79	0.11	0.07	0.30

Figura 31 Correlazioni tra rating ESG.

I valori maggiormente disallineati si riscontrano nell'aspetto della Governance, mentre valori più allineati si hanno negli aspetti che riguardano l'ambiente.

Strategie di investimento ESG.

Gli investimenti sostenibili hanno in comune il fatto di investire in aziende che rispettano i criteri di sostenibilità visti in precedenza, ma al di là di questo, esistono numerosi criteri di selezione e diverse strategie di investimento ESG. Nelle prossime pagine cercherò di elencare quelle più utilizzate.
Ecco una panoramica non esaustiva delle varie strategie di investimento sostenibile:

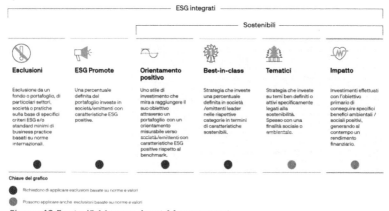

Figura 48 Fonte JP Morgan Asset Management.

Nella prassi siamo portati a semplificare la suddivisione delle varie strategie di investimento sostenibili in tre grandi aree che sono: Esclusione, Integrazione e Impatto.

Figura 49 Le tre grandi aree delle strategie di investimento sostenibili.

Per semplificare, gli stessi gestori di portafoglio, utilizzano uno di questi criteri per spiegare la strategia di investimento che stanno utilizzando: di *esclusione* se prevalentemente tendono ad escludere alcuni investimenti perché non ritenuti sostenibili; di *integrazione* se prevalentemente includono ulteriori analisi per investire in titoli meritevoli o di *impatto* per evidenziare la scelta di alcuni titoli che possono avere un impatto positivo su ambiente e sociale. Il criterio di esclusione tende, come dice il nome stesso, ad eliminare dall'universo investibile quei titoli che sono maggiormente a rischio ESG o che operano in settori cosiddetti *peccaminosi,* come armi, pornografia, lavoro minorile, giochi d'azzardo. A volte l'esclusione può avvenire anche per precise disposizioni normative come esclusioni di aziende che operano in paesi che non rispettano i principali diritti internazionali o sono paesi sottoposti a restrizioni commerciali. Ovviamente come vedremo in seguito il ridurre l'universo investibile può comportare una maggiore volatilità del portafoglio, ma sicuramente ripaga l'investitore dalla propria coscienza etica. La strategia di integrazione si affianca alla normale selezione dei titoli secondo i criteri propriamente finanziari (rendimento e rischio), e si va a premiare quei titoli che hanno un rischio Esg più basso. Infine nella strategia di *impatto* si vanno a scegliere quei titoli che possono avere un impatto positivo su ambiente e sociale con una selezione ancora più accurata e precisa. Molti di questi investimenti possono essere definiti tematici.

Prima di analizzare in maniera approfondita le tre strategie di investimento ESG, occorre sfatare due falsi miti che circolano sugli investimenti sostenibili. Il primo è quello che gli investimenti sostenibili conducono a rendimenti finanziari inferiori rispetto agli altri investimenti e il secondo è che questa tipologia di investimenti non è adatta a quegli investitori che puntano tutto sul rendimento finanziario. Numerosi studi condotti sulle performance degli investimenti sostenibili in confronto con i rendimenti degli investimenti tradizionali hanno portato alle seguenti conclusioni:

- Investire utilizzando i criteri ESG non è penalizzante in termini di rendimenti;

- Nel medio e lungo periodo l'utilizzo di strategie di investimento ESG può portare a rendimenti superiori rispetto agli investimenti tradizionali;
- L'utilizzo di criteri ESG permette di investire in società che hanno basse probabilità di incappare in rischi causati da elementi non finanziari come i cambiamenti climatici, cause relative ad inquinamento, a falsificazioni o altri tipi di scandali (vedi esempio scandalo emissioni inquinanti delle auto Wolkwagen).

La società Morningstar ha analizzato le performance dei propri indici ESG e li ha messi a confronto con i rispettivi indici tradizionali e la cosa sorprendente è che nella maggior parte dei casi si è assistito ad un delta positivo dei rendimenti degli investimenti sostenibili.

Confronto tra indici azionari geografici tradizionali e sostenibili negli ultimi 5 anni (base= 100 euro)

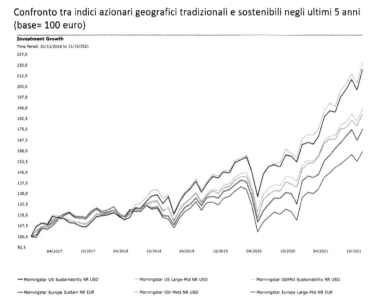

Figura 32 Fonte Morningstar.

Strategie di esclusione.

La forma più tradizionale delle strategie di esclusione degli investimenti sostenibili è quella dello *screening negativo,* ovvero quella strategia che tende ad escludere dall'universo investibile tutte quelle aziende che non rispettano principi morali, religiosi, sociali e ambientali o che operano in settori produttivi non compatibili con i principi etici dell'investitore tipo. A volte l'esclusione avviene sulla base dell'appartenenza a Stati che a livello politico sono stati soggetti a restrizioni economiche o Stati che non rispettano i principali diritti umani come la Corea del Nord, il Sudan, l'Iran, la Birmania.

Gli strumenti finanziari che fanno parte dell'esclusione e che finiscono in una sorta di black-list appartengono a settori considerati peccaminosi come il settore delle armi, del tabacco e dei prodotti alcolici, della pornografia, dell'olio di palma, dei prodotti abortivi, del gioco d'azzardo, delle pellicce. Ogni investitore poi ha i propri *asset peccaminosi personali* a seconda della propria cultura e dei propri principi etici e religiosi, ma in linea di massima i gestori sono concordi nell'escludere gli strumenti finanziari che operano nei settori sopraindicati.

Un'altra strategia di esclusione è quella basata sulla mancata adesione o conformità (norm based) a norme o convenzioni internazionali come la convenzione Unicef sui diritti dell'infanzia, la guida sui principi umani dell'Onu o quella sui rifugiati dell'Unhcr e altre convenzioni internazionali. Nel panorama storico ed europeo gli investimenti che adottano un criterio di esclusione sono stati chiamati anche investimenti socialmente responsabili, utilizzando la sigla SRI e sono anche quelli più diffusi in ambito europeo. L'atteggiamento principale dell'investitore nei confronti di questo tipo di investimenti è quello di escludere, eliminare, evitare di investire in strumenti finanziari che ritiene non meritevoli ed è disposto a sacrificare una parte del rendimento se necessario. Da un punto di vista tecnico l'esclusione e quindi il restringimento dell'universo investibile può portare ad un minore grado di diversificazione del portafoglio e quindi ad una maggiore volatilità dello stesso.

Strategia di integrazione.

La strategia di integrazione, come dice anche il nome, integra alla normale attività di analisi fondamentale e finanziaria dei titoli, quella delle analisi ESG che più sono materiali per l'attività e il ramo economico in cui opera l'azienda. Quindi il processo di investimento si arricchisce di un'ulteriore analisi, quella della sostenibilità ESG, che si affianca all'analisi fondamentale e all'analisi tecnica/finanziaria per determinare l'universo investibile a disposizione dei gestori. La strategia di integrazione si basa su una convinzione importante che l'analisi aggiuntiva, qualitativa e quantitativa, delle questioni ESG legate all'ambiente, al sociale e alle pratiche di buona governance, possa pervenire a decisioni di investimento più consapevoli e informate e che possa far emergere eventuali rischi e opportunità ancora non prezzate dal mercato.

La strategia di integrazione può riguardare il singolo titolo o l'intero portafoglio e spesso questa condizione è propria del tipo di approccio che l'asset manager (il gestore) adotta: se il gestore ha un approccio attivo alla gestione, adotterà una strategia di integrazione sui singoli titoli, mentre viceversa se il gestore ha un approccio di gestione passiva (etf), adotterà una strategia di integrazione sull'intero portafoglio. È bene ricordare che la strategia dell'integrazione non esclude a priori alcuni titoli o settori proibiti come la strategia dell'esclusione e quindi non c'è un atteggiamento drastico sulla esclusione o meno di un determinato titolo. Infine, poiché la strategia integra e rafforza il processo decisionale, come conseguenza abbiamo un miglioramento dell'attività di risk management[27] e dei rendimenti più stabili.

Strategia Best in Class.

La strategia in questione è una particolare selezione della strategia di integrazione. Dopo aver effettuato una selezione di integrazione e quindi dopo aver integrato le normali analisi

---

[27] Processo aziendale di gestione del rischio mediante attività sistematiche di identificazione, misurazione, valutazione e trattamento.

fondamentali e finanziarie, vado a selezionare le migliori società (best in class), quelle società che sono campioni di sostenibilità ambientale, sociale e di buona governance. Quindi tale strategia va a premiare quelle società che sono leaders della sostenibilità e nel rispetto dei temi ESG che appartengono allo stesso settore. L'analisi infatti va a premiare, all'interno dello stesso settore economico in cui operano, quelle società che raggiungono punteggi esg elevati. Questa strategia potrebbe portare ad escludere aziende che hanno un profilo ESG molto basso, appartenente però ad un settore molto performante e come per la strategia di esclusione, può alla fine portare ad un universo investibile ridotto e di conseguenza con rendimenti di portafoglio più volatili, rispetto ad una strategia più inclusiva. A titolo di esempio la Hess Corporation che opera nel settore Oil, quindi un settore che può presentare elementi di rischio elevati dal un punto di vista di sostenibilità, ha un rating MSCI di tripla A e quindi la fa rientrare a tutti gli effetti tra i leader nel suo settore.

Figura 51 Fonte Msci.com

L'approccio di investimento *best in class,* ha l'ambizione di selezionare le migliori società che all'interno del proprio settore economico di appartenenza, presentano la possibilità di gestire meglio i rischi ambientali, sociali e di buona governance, in maniera tale da avere un vantaggio competitivo verso i concorrenti. Un profilo Esg *leader* può condurre ad un uso più efficiente delle risorse, ad una gestione migliore del capitale umano e a sviluppare progetti innovativi che rendono i ricavi più stabili e robusti. Infine una variante della strategia *Best in Class* è quella che va a premiare non i migliori in assoluto, ma quegli emittenti che dimostrano un trend positivo nell'evoluzione del proprio profilo Esg. Tale strategia prende il nome di *Best in Progress*.

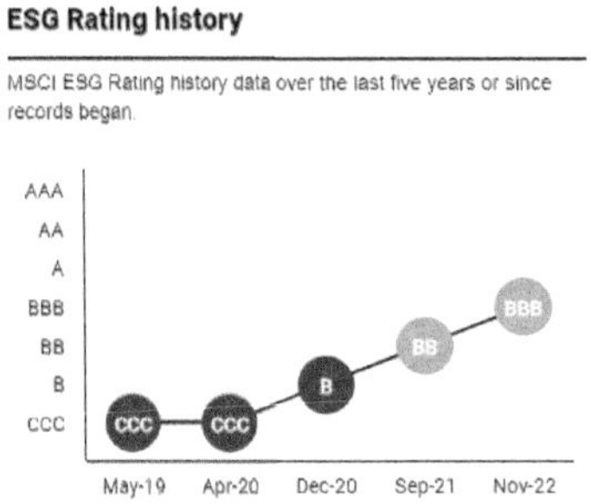

ESG Rating history

Figura 33 Rating Msci Esg di General Motors.

Strategia di investimento tematico.

Siamo nell'ambito delle strategie ad impatto, ovvero strategie di investimento che vogliono esercitare un contributo importante verso un tema ambientale o sociale. Tutti gli strumenti del risparmio gestito (fondi, sicav e etf) tematici adottano una strategia di impatto, selezionando tutte le società che operano in un determinato settore e che vogliono imprimere un impatto positivo sull'ambiente e sul sociale. Il fondo Pictet Water investe in tutte quelle società che si occupano di infrastrutture tipo acquedotti, gestione, trattamento e recupero di un bene prezioso come l'acqua. Oppure un investitore potrebbe essere interessato nell'assumere posizioni verso quelle società che sviluppano progetti per le energie rinnovabili, solare ed eolico.
Partendo dai 17 obiettivi di sostenibilità dell'Onu elaborati nel 2015 di cui abbiamo parlato nelle pagine precedenti, che hanno

l'ambizione di raggiungere numerosi traguardi entro il 2030, si può arrivare a quei cambiamenti, anzi *mega* cambiamenti (megatrend), che stimolano variazioni o impatti permanenti nel futuro della nostra società. Sono cambiamenti che hanno bisogno di anni, di lunghi periodi, ma che sono destinati a influenzare il nostro modo di vivere, di lavorare e di fare impresa. Non si tratta di mode passeggere, ma di cambiamenti strutturali che modificano il nostro futuro. L'intelligenza artificiale e la gestione dei dati ad esempio, sono trends che riguarderanno profondamente il nostro futuro e la nostra vita e modificheranno i nostri comportamenti a cominciare dai nostri studenti che utilizzeranno Chat Gpt per fare i compiti in classe! Da questi megatrend, nascono gli investimenti tematici che spaziano su più temi: cambiamenti demografici e sociali, cambiamenti climatici, urbanizzazione e mobilità, innovazione tecnologica, gestione dei dati e tanti altri.

Le caratteristiche di un investimento tematico sono quelle di essere svincolate da un benchmark di riferimento preciso, perché focalizzato su temi specifici e l'altra caratteristica è che non sono vincolati ad una precisa area geografica. Ne consegue che si tratta di investimenti che vanno a coprire il ruolo di portafoglio satellite (parte minoritaria) e presuppone un'ottica di lungo periodo proprio perché legato ad uno o più megatrend.

Strategie di Impact Investing.

Siamo sempre nell'ambito di investimenti tematici che hanno però l'ambizione di raccogliere capitale per uno specifico progetto ambientale o sociale, ovvero avere un impatto positivo nel risolvere determinate questioni di carattere ambientale e sociale o entrambe. La differenza tra le due strategie è molto sottile: l'investimento tematico è un investimento di lungo periodo che segue i megatrend, mentre l'investimento ad impatto vuole risolvere un determinato problema nel breve periodo. Le caratteristiche di un investimento ad impatto infatti sono relative all'intenzionalità di voler risolvere un determinato problema ambientale o sociale, nella trasparenza e misurabilità dei benefici che l'investimento può apportare e ovviamente anche del rendimento finanziario che può generare per l'investitore. Anche se il target di clientela interessata a tali strumenti potrebbe far pensare ad un cliente *idealista,* incurante dei rendimenti finanziari e più attento alle problematiche di sostenibilità, l'investimento ad impatto non è sinonimo di filantropia.

Le soluzioni finanziarie che consentono un investimento ad impatto sono:

- Green Bond Funds;[28]
- Social Bond Funds;[29]
- Private Market Funds;[30]
- Crowdfunding.[31]

La casistica più importante è rappresentata dai green e social bond funds, ovvero soluzioni di risparmio gestito, fondi comuni di investimento o Sicav, dedicati all'investimento in obbligazioni che presentano come vincolo di destinazione dei proventi raccolti, quello di realizzare progetti verdi o progetti sociali. Altre soluzioni praticabili sono i cosiddetti mercati privati (Private Markets) che si concentrano su iniziative imprenditoriali che hanno un impatto sociale o ambientale. Va ricordato che i fondi di private equity e i fondi di private debt sono veicoli di investimento che assumono esposizioni verso asset di investimento non quotati e quindi sono caratterizzati da un rischio di liquidità. La raccolta di risorse finanziarie via web, attraverso piattaforme online è un'altra soluzione rivolta ad un pubblico (folla) molto vasto e permette il finanziamento di iniziative che hanno come caratteristica principale quella di "fare del bene", ovvero avere un impatto positivo nel risolvere

---

[28] Investono in obbligazioni verdi (green) che hanno l'obiettivo di finanziare progetti con un impatto positivo sull'ambiente.

[29] Investono in obbligazioni sociali che finanziano progetti con un impatto positivo a livello sociale.

[30] Si tratta di fondi di Private Equity (azionario) o di Private Debt (obbligazionario) che investono in asse illiquidi.

[31] Si tratta di soluzioni di raccolta fondi presso il pubblico utilizzando piattaforme online per finanziare determinati progetti.

problemi sociali o ambientali.

Dopo aver analizzato le varie soluzioni ESG che si possono adottare per creare valore e avere un impatto positivo su ambiente e sociale, è necessario porsi alcune domande riguardanti l'approccio di investimento ESG e la costruzione di portafogli diversificati:

- In quale fase del processo di investimento intervengono le strategie ESG?
- L'utilizzo di strategie ESG deve riguardare tutte le classi di investimento o solo una parte?
- Quale influenza possono avere i criteri ESG nella costruzione del portafoglio diversificato?

I criteri ESG possono entrare in gioco nella fase di asset allocation strategica o nella fase di selezione dei titoli. Nel primo caso i criteri ESG hanno un impatto nella scelta dei relativi benchmark strategici e quindi entrano nella fase di stima dei rendimenti e rischi attesi e delle correlazioni. Nel secondo caso la costruzione dell'allocazione strategica avviene con benchmark tradizionali e solo nella fase successiva, la scelta dei singoli titoli e degli strumenti finanziari da inserire nel portafoglio, entrano in gioco i criteri ESG. Analizzando i dati statistici, quest'ultima ipotesi rappresenta quella più gettonata.

Con riferimento alla seconda domanda, possiamo dire che i criteri ESG dovrebbero riguardare tutti gli strumenti finanziari inseriti dentro un portafoglio, ma poi nella prassi risulta alquanto difficile estendere a taluni strumenti l'applicazione di criteri ESG. Basti pensare alla liquidità o agli strumenti derivati che possono avere un peso non indifferente all'interno di alcuni portafogli di investimento. Inoltre, si possono utilizzare vari criteri di investimento ESG all'interno dello stesso portafoglio. Potrei preferire un approccio di esclusione per la componente obbligazionaria del portafoglio e preferire un approccio "best in class" per la componente azionaria.

Sul terzo quesito, possiamo dire che le varie strategie di investimento adottate nella costruzione del portafoglio comportano un diverso impegno da parte del gestore del portafoglio e un set informativo diverso a seconda della strategia utilizzata. Se si utilizza un criterio di esclusione, l'approccio del gestore è abbastanza meccanico, mentre è più laborioso se si utilizza un approccio di integrazione o di impatto. Inoltre il gestore avrà a disposizione un set informativo più analitico se si tratta di utilizzare strategie di impatto o di integrazione rispetto a quelle di esclusione e l'impatto che si avrà sul portafoglio sarà sul portafoglio core (principale) se si utilizzano strategie di esclusione o di integrazione, mentre riguarderà il portafoglio "satellite" (secondario) se si utilizza un criterio di impatto. Va inoltre ricordato che l'adozione di strategie ESG diverse, può provocare un rischio attivo che può risultare più o meno elevato a seconda della strategia utilizzata. L'impiego di una strategia ad esclusione provoca un rischio attivo per il semplice fatto che esclude alcuni asset dall'investimento perché in contrasto con principi morali o etici, rispetto ad un benchmark tradizionale che invece accoglie tutti gli asset investibili. Anche la strategia di integrazione, in misura minore, è responsabile di un rischio attivo rispetto ad un tradizionale benchmark di riferimento. Questo non significa necessariamente un rischio assoluto del portafoglio più elevato e quindi una maggiore volatilità dei rendimenti, anzi alcuni gestori lo considerano una fonte di alfa ovvero di extra rendimento.

A livello mondiale le strategie più utilizzate sono quelle ad esclusione e quella di integrazione, seguite da un criterio di esclusione basata su norme e regolamenti e la strategia "Best in class". Tuttavia secondo un recente sondaggio condotto da Consob nel giugno 2022 la maggior parte dei gestori adotta un doppio screening per costruire un portafoglio: dapprima una selezione negativa, escludendo quei settori e quei titoli che appartengono a categorie controverse e successivamente una strategia "best in class" per selezionare solo quei titoli che superano una determinata soglia. In altri casi dopo un primo approccio di esclusione, si adottano altri criteri e si combinano più strategie di investimento ESG.

Le strategie di engagement.

C'è anche un altro sistema per condizionare, stimolare o comunque influenzare le numerose società produttive quotate e non quotate, con l'obiettivo di creare del valore condiviso per tutti gli stakeholder[32]: lo shareholder engagement[33]. Spesso questo ruolo è svolto da investitori istituzionali come fondi e sicav che a fronte di un apporto di capitale importante per la società, vogliono avere un ruolo attivo sulla governance ed incidere in maniera positiva sulle scelte e decisioni economiche prese dal consiglio di amministrazione. Questo ruolo attivo svolto da molti asset manager di livello mondiale come BlackRock e altre Sgr, spinge gli amministratori delle società a rendere conto del proprio operato e a privilegiare scelte gestionali orientate alla produzione di valore nel lungo periodo. Tale ruolo si concretizza utilizzando i normali canali di comunicazione aziendali ed esercitando i vari diritti legati alla proprietà azionaria e possono avere un atteggiamento collaborativo e amichevole con gli amministratori o in alcuni casi strategie ostili o di contrasto con il management della società. L'*engagement* può condurre le imprese a comportamenti più sostenibili, facendo assumere decisioni riguardanti temi ambientali, sociali e di buona governance, ottenendo in cambio benefici in termini finanziari e non solo. Il dialogo costruttivo e collaborativo che si instaura tra il money manager e gli amministratori può portare a decisioni di investimento più informate, ad impatti positivi sul mercato e alla creazione di *alpha* (valore) nel lungo termine. Come ovvio, le strategie di *engagement* non vengono utilizzate dai gestori e

---

[32] Si tratta di un individuo, un gruppo di persone o un'organizzazione che è direttamente o indirettamente coinvolto da quello che succede in azienda e fuori e che ha un ruolo attivo o passivo nel concorrere al successo della stessa.
[33] Vedi Glossario.

dagli investitori istituzionali, qualora siano adottate altri criteri di investimento ESG quali quelle ad esclusione. Infatti se un gestore professionista decide di escludere una determinata società dall'universo investibile perché non rispetta alcuni criteri ambientali o sociali, esclude anche le azioni di *pungolo* e di *engagement* per quella stessa società.

In data 10/06/2019 è stato pubblicato nella Gazzetta Ufficiale il decreto legislativo n. 49/2019 di attuazione della direttiva europea 2017/828 sulla *Shareholder,* al fine di migliorare la governance delle società quotate e incoraggiare pratiche di partecipazione attiva da parte degli azionisti. In particolare la direttiva assegna agli investitori istituzionali il compito di monitorare e vigilare sull'operato degli amministratori e di esercitare una certa pressione, affinché possano intraprendere azioni per una crescita di valore equilibrata e sostenibile nel lungo periodo. In particolare gli investitori istituzionali devono adottare una politica attiva di controllo indicando come intendono monitorare l'attività degli amministratori, come intendono dialogare con gli stessi e come intendono esercitare i diritti connessi alla partecipazione nell'interesse dei propri investitori. A tale scopo in tutto il mondo si sono sviluppati codici di autoregolamentazione e di comportamento chiamati anche codici di *stewardship,* contenenti principi base sul rapporto tra gli investitori istituzionali e gli amministratori delle società quotate in cui i primi hanno investito. L'adesione su base volontaria a questi codici di stewardship, fornisce indicazioni sul grado di attivismo degli investitori istituzionali nel difendere e incrementare il valore della propria quota azionaria, detenuta nell'interesse dei propri clienti e sottoscrittori di quote di fondi pensione o di sicav. Nel 2011 la European Fund and Asset Management Association (EFAMA) ha emanato un codice di stewardship europeo che contiene 6 principi base:

1) Adottare e pubblicare una politica che specifichi se l'intermediario esercita le responsabilità connesse con i

diritti di partecipazione e, in caso affermativo, definisca le relative modalità di esercizio;

2) Monitorare le società partecipate;

3) Definire chiare linee guida su tempistiche e modalità di intervento nei riguardi delle società partecipate al fine di tutelare e incrementare il valore dell'investimento;

4) Prendere in considerazione la cooperazione con altri investitori, ove del caso, prestando particolare attenzione alla regolamentazione in materia di azione di concerto;

5) Esercitare il diritto di voto in maniera consapevole;

6) Riferire sull'esercizio dei diritti corporativi e sulle attività di voto nelle società partecipate, nonché adottare una politica sulla trasparenza in merito alla propria attività di engagement.

I principi sono stati adottati da Assogestioni nel 2013 e rivisti negli anni successivi al fine di fornire una serie di *buone* pratiche in grado di stimolare il confronto e la collaborazione fra le società di gestione del risparmio e gli emittenti quotati in cui esse investono i patrimoni raccolti presso i risparmiatori.

Un altro elemento interessante è l'impatto dell'*engagement* nel governo delle società quotate in cui i money manager hanno deciso di investire i soldi raccolti presso i risparmiatori. A volte tra i tre fattori di sostenibilità, ESG, la G di governance è quella meno conosciuta, anche se riveste un'importanza strategica nella gestione delle società e nella creazione di valore condiviso nel lungo termine. La *corporate governance,* infatti è un sistema di regole, di organi, di processi e di controlli che consentono alle stesse aziende di essere gestite. È un sistema molto complesso che coinvolge molteplici attori e quindi richiede un forte spirito collaborativo al fine di avere processi gestionali efficaci. Nella gestione efficace di un'azienda occorre fissare gli obiettivi di breve e di lungo periodo che si vuole raggiungere, decidere con quali mezzi finanziari e non finanziari raggiungerli, valutare periodicamente i risultati raggiunti con particolare riguardo ai target ancora lontani e infine trovare i giusti incentivi, anche economici, per indirizzare più persone possibili a comportamenti coerenti con gli obiettivi prefissati. Per fare ciò, è importante che tutti i soggetti e gli attori coinvolti in tale processo siano pienamente consapevoli dell'importanza di raggiungere tali obiettivi di breve e di lungo periodo. Una buona governance approntata da un gruppo dirigente illuminato e forte, abbinata ad una attenta gestione dei rischi, può fare la differenza tra il successo o il declino di un'azienda. Una buona gestione aziendale crea senza ombra di dubbio una maggiore trasparenza e fiducia nei confronti dei propri dipendenti e del mercato stesso e grazie all'innalzamento di tale fiducia da parte degli investitori, riduce il costo del capitale. Inoltre aumenta notevolmente l'attrattività dell'impresa verso il mercato del lavoro e molti dipendenti o professionisti con le migliori competenze saranno disposti a lavorare in tale contesto. Infine una migliore gestione aziendale, effettuata con un maggior numero di amministratori indipendenti e con un'attenta gestione del rischio può evitare scandali o mala gestione che sono la principale causa di declino di un'azienda. Il caso *Deaselgate* ne è la riprova.

Ogni due anni si celebra a Francoforte la potenza dell'industria automobilistica tedesca con i padiglioni scintillanti e macchine lucidissime con accanto le immancabili e affascinanti modelle. Anzi negli ultimi anni le ragazze che vengono selezionate non devono solamente rispondere a requisiti fisici, ma devono essere anche competenti nel presentare il modello di auto che hanno accanto. Si chiamano "product specialist" e hanno preso il posto delle signorine "spin and grin"[34] degli anni '80. Era metà settembre 2015 e di lì a pochi giorni si sarebbe verificato un vero e proprio tsunami al salone dell'auto di Francoforte. L'agenzia statunitense per la protezione ambientale, Epa, accusa la casa automobilistica Wolkswagen di avere usato un software per aggirare illegalmente le emissioni inquinanti di numerosi modelli di auto. Nei giorni successivi il titolo Wolkswagen riportava in borsa pesanti perdite, costringendo l'amministratore delegato Martin Winterkorn a rassegnare le

---

[34] Traduzione: gira e sorridi.

proprie dimissioni. Oltre alle perdite pesanti subite dal titolo nelle principali piazze borsistiche, la casa automobilistica ha ammesso la propria colpevolezza e ha dovuto sborsare circa 20 miliardi di dollari per chiudere la vertenza americana e le varie *class action* negli Stati Uniti. Questo e tanti altri scandali di frode sarebbero stati evitati con una migliore *corporate governance?* Credo di sì. La nomina di amministratori esterni e indipendenti, può creare disallineamenti di obiettivi tra il management e gli azionisti portatori di capitali, ma mette le basi per una gestione sana e trasparente che è posta a presidio di eventuali conflitti di interesse tra i vari attori (proprietà e management, azionisti di maggioranza e di minoranza, creditori, clienti, dipendenti, fornitori, ecc.). In special modo se il gruppo dirigente nei vari processi decisionali tiene in considerazione gli interessi di tutti gli stakeholder diversi dagli azionisti, può indirizzare l'azienda verso strategie a basso rischio, evitare scandali e azioni legali e creare sviluppo sostenibile.

Uno strumento informativo importante introdotto in Italia il 25 gennaio 2017 è la Dichiarazione non finanziaria (DNF) che rendiconta annualmente le decisioni prese dall'azienda in tema di sostenibilità ambientale, sociale e di governance. La dichiarazione al momento riguarda solamente le aziende più grandi con un numero di dipendenti superiore a 500, ma potrebbe presto essere estesa anche alle altre aziende e rappresenta una buona occasione per l'azienda stessa di avere una prospettiva di crescita di lungo periodo, minori costi di finanziamento, migliori performance di mercato e di attrarre e mantenere i migliori talenti. Sicuramente dobbiamo migliorare molto la funzione di tale strumento ed evitare che gli organi aziendali affrontino i temi della sostenibilità solamente quando devono far fronte a problemi competitivi o reputazionali.

Secondo la direttiva, la dichiarazione non finanziaria deve toccare cinque temi importanti sotto il profilo della sostenibilità:

1) Impatto ambientale: consumi energetici sostenuti, distinguendo quelli prodotti da fonti rinnovabili e non, emissioni di gas serra e di altri inquinanti;
2) Impatto sociale: impatto dell'attività aziendale sulla salute e sicurezza dei propri dipendenti e dirigenti. Iniziative sociali e culturali che la società ha effettuato o intende effettuare per migliorare gli aspetti sociali dei cittadini residenti nel territorio dove l'azienda opera;
3) Tutela dei lavoratori: indicazione di tutte le iniziative intraprese per contrastare lo sfruttamento del lavoro minorile e per migliorare l'ambiente di lavoro con una specifica riguardo all'inclusione e agli aspetti di genere;
4) Tutela dei diritti umani: azioni intraprese per evitare qualsiasi violazione dei diritti umani, evitando qualsiasi discriminazione raziale o di genere;
5) Contrasto alla corruzione: indicazione di tutti gli strumenti utilizzati dall'azienda per contrastare la corruzione attiva (quella messa in atto da esponenti dell'azienda stessa) e quella passiva (di cui l'azienda potrebbe essere coinvolta).

La dichiarazione non finanziaria può trasformarsi, se redatta in conformità alla legge e rispetta principi di trasparenza e lealtà, in un potentissimo strumento di marketing e di comunicazione, tanto che numerose aziende di piccole dimensioni stanno preparandosi a produrla annualmente pur non essendo obbligate. È stato detto più volte che sempre più attori esterni valutano le aziende non solo leggendo il loro bilancio economico, ma anche dichiarazioni che riguardano aspetti di sostenibilità come la DNF. Lo stesso discorso vale per i finanziamenti e per i bandi di concorso o gare pubbliche dove è sempre più apprezzato oltre all'aspetto finanziario anche quello della sostenibilità come elemento premiante nella ripartizione dei vari finanziamenti agevolati. Tutti questi vantaggi e queste agevolazioni che le aziende possono avere se ovviamente rispettano certi criteri si sostenibilità, ci devono mettere in guardia da un determinato rischio di *"greenwashing"* ovvero di "vestirsi di verde" perché è di moda e perché si possono avere tanti vantaggi economici e reputazionali. Le politiche di sostenibilità consentono alle aziende di allargare il mercato a nuove fasce di popolazione, magari ai più giovani, sensibili ai temi della sostenibilità ambientale e sociale. Inoltre l'utilizzo di fonti rinnovabili per la produzione di energia, nonostante l'investimento iniziale, ha in seguito risparmi notevoli in termini di costi operativi. Si pensi ad esempio a quante aziende avrebbero voluto avere una fonte energetica alternativa a quella del gas, quando il prezzo di quest'ultimo a causa del conflitto russo-ucraino è salito alle stelle! E secondo uno studio condotto da Fidelity International, durante la crisi sanitaria Covid-19 le aziende che hanno adottano politiche aziendali sostenibili e che hanno quindi stretto un rapporto reputazionale con i propri clienti, hanno ottenuto una maggiore resilienza rispetto ai cali vistosi che il mercato azionario ha vissuto in quei 37 giorni di delirio puro, dal 19 febbraio al 27 marzo 2020.

Fidelity ESG rating	% of total rated	Stock return (%)	Stock return vs S&P 500
A	12%	-23.1	+1,9
B	39%	-25.7	-0.7
C	33%	-27.7	-2.7
D	14%	-30.7	-5.7
E	2%	-34.3	-9,3

Source: Fidelity International, May 2020

Figure 53 Fonte Fidelity International.

Pertanto, il rischio che alcune aziende dichiarino di adottare politiche di sostenibilità solo allo scopo di attribuirsi un decoro reputazionale nei confronti del mercato e che alcune società di gestione possano dichiarare che i loro prodotti, fondi e sicav, investono solamente in aziende sostenibili è abbastanza concreto e occorre adottare dei rating o altre misure di controllo. Per questo a livello europeo si lavora molto sulla misurabilità e sulla trasparenza dei dati dichiarati. Le implicazioni del *"greenwashing"* si riscontrano soprattutto nell'allocazione poco efficiente e verso aziende non pienamente sostenibili, del risparmio raccolto, minando la fiducia dei risparmiatori e determinando delle inefficienze a livello di performance. Una testata giornalistica, Eco-Business, ha evidenziato circa 18 casi di greenwashing nel 2022 di cui un caso riguarda un'azienda italiana: Fileni. L'azienda produttrice di carni bianche prodotte da animali allevati a terra ha avuto una contestazione da parte di Report, la trasmissione di Rai 3, che ha contestato le pratiche produttive e accusato l'azienda per il trattamento degli animali: invece che pascolare sui terreni erano per tanto tempo rinchiusi nei capannoni degli allevamenti intensivi. Altro caso eclatante è quello della banca inglese Hsbc che pubblicizzava un programma di piantumazione di alberi e allo stesso tempo finanziava progetti di combustibili fossili. L'autorità ha stabilito che gli annunci pubblicitari hanno omesso informazioni rilevanti in fatto di sostenibilità ambientale. Le aziende del settore petrolifero sono accusate da più parti di essere delle grandi "lavatrici di verde". Uno studio condotto nel 2021 ha rilevato che la maggior parte delle comunicazioni emesse dai principali produttori (Exxon, Shell, Chevron, BP) contenevano buoni propositi e azioni per ridurre l'impatto climatico, ma nella pratica soltanto il 17% degli investimenti di queste società è stato destinato alle energie rinnovabili.

Dopo aver analizzato le varie tematiche ESG e le relative strategie di investimento introdotte dai *money manager,* una domanda cruciale che dobbiamo porci è se tali investimenti, rispetto ad un tradizionale investimento finanziario, riescano a produrre risultati di performance soddisfacenti. Più volte abbiamo sottolineato in questo libro che non ci sono penalizzazioni di performance, utilizzando strategie di investimento sostenibili, ma è bene ribadirlo in quanto circolano da tempo dei falsi miti che affermano il contrario. Secondo alcuni infatti, il restringimento dell'universo investibile, soprattutto nel caso in cui sia stata adottata una strategia di esclusione, comporterebbe una limitazione delle opportunità di investimento, penalizzando la performance. Certo in passato, l'utilizzo di approcci di investimento con l'utilizzo di politiche di esclusione, hanno contribuito ad alimentare la convinzione di una penalizzazione dei risultati, ma oggi, grazie a numerose ricerche accademiche, tutto ciò viene smentito. La conclusione della maggior parte di questi studi è che non si può riconoscere per certo una penalizzazione di risultati di strumenti finanziari che adottano criteri ESG rispetto a strumenti finanziari che adottano criteri standard e l'esito finale è che i risultati siano similari. Un recente studio di Morgan Stanley ha analizzato un campione di fondi molto ampio, circa 11.000 strumenti, e un arco temporale significativo, dal 2004 al 2018 ed è giunto a due conclusioni importanti. La prima riconosce una somiglianza di rendimenti tra gli strumenti sostenibili e quelli tradizionali e la seconda, incentrata sull'aspetto della rischiosità, porta a conoscere una generale riduzione della volatilità dei fondi sostenibili rispetto a quelli tradizionali. Quella dei rendimenti comunque rimane una questione controversa e ancora sotto osservazione. Altri studi recenti condotti da Morningstar hanno dimostrato che in alcuni periodi di tempo gli indici sostenibili non riescono a battere quelli tradizionali pur proteggendo meglio nelle fasi di correzione dei mercati. Questo ci fa pensare che gli investimenti sostenibili non prosperano in qualsiasi condizione di mercato: al 31/12/2020 gli indici ESG di Morningstar hanno performato meglio rispetto agli indici tradizionali nell'88% dei casi analizzati e ancora meglio hanno fatto nella terribile fase di ribasso del primo trimestre 2020. In alcuni momenti di forte ripresa dei titoli tecnologici l'indice Morningstar US Sustainability è rimasto indietro rispetto all'indice tradizionale. Anzi l'indice sostenibile americano è stato penalizzato dall'esclusione di alcuni titoli come Tesla, Amazon, Facebook e Alphabet (Google) perché presentano alti rischi ESG. La stessa Tesla che opera in un settore sostenibile come le macchine elettriche presenta rischi ESG relativi alle controverse legate al governo societario e alle condizioni dei propri dipendenti. Lo stesso si può dire di Amazon per le retribuzioni, i carichi di lavoro e i gli orari cui sono sottoposti i propri dipendenti, o ancora, i problemi legali legati alla privacy in cui è incappata Facebook. Nel quarto trimestre del 2016 con la vittoria di Trump abbiamo assistito ad un vero rally dei titoli energetici o legati al settore delle armi, che sono normalmente esclusi dall'investimento sostenibile in quanto presentano rischi ESG elevati. In conclusione possiamo affermare che non c'è una strategia di investimento valida per tutte le situazioni di mercato e che non dobbiamo dare troppo peso alle oscillazioni di breve termine dei mercati finanziari.

Come per i singoli titoli quotati è necessario avere un rating di sostenibilità, anche per i fondi e gli etf (fondi passivi), un rating che possa permettere all'investitore attento alle tematiche ESG di fare le proprie valutazioni e confronti. La normativa europea ha fatto un passo in avanti introducendo nel marzo del 2021 il regolamento SFDR (Sustainable Finance Discloure Regulation), classificando i prodotti di risparmio gestito (fondi e sicav) in prodotti tradizionali, in prodotti sostenibili e in prodotti ad impatto:

Figura 34 Classificazione fondi normativa SFDR.

La normativa prevede la classificazione dei fondi in prodotti tradizionali (Art. 6) che non integrano i criteri ESG nelle loro strategie di investimento, fondi che appartengono all'art. 8 che promuovono strategie di sostenibilità, ambientali e sociali, ma che non hanno come obiettivo principale quello degli investimenti sostenibili e infine i fondi che appartengono all'art. 9 che hanno un obiettivo specifico di sostenibilità. L'articolo 2 del regolamento specifica inoltre quali sono i tre requisiti fondamentali per definirsi fondi sostenibili:

1) Contribuire a un obiettivo ambientale o sociale;
2) Non danneggiare in modo significativo alcun altro scopo ambientale o sociale;
3) Avere buone pratiche di governance.

Ad oltre un anno dall'introduzione di tale regolamento, possiamo dire che lo stesso ha fatto chiarezza e trasparenza tra i numerosi prodotti sostenibili presenti sul mercato, evitando o limitando il fenomeno del *greenwashing*. La situazione a fine 2022 risultava essere la seguente:

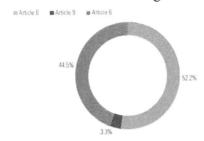

Figura 35 Fonte Morningstar.

Gli asset sui fondi art. 8 sono risultati in aumento rispetto all'anno prima, mentre sono diminuiti quelli art. 9, passando dal 5,2% al 3,3%.

I rating di sostenibilità sui fondi hanno ampliato le informazioni di carattere puramente finanziario (rendimento e rischio) offrendo all'investitore informazioni di tipo qualitativo, soprattutto per un pubblico attento a certe tematiche. Tecnicamente assegnare un rating di sostenibilità di un fondo presuppone l'esistenza di rating di sostenibilità di tutti i titoli in cui il fondo investe o per lo meno per la maggioranza di essi. Il rating di sostenibilità del fondo equivale ad una media ponderata dei rating ESG dei singoli titoli in cui il patrimonio del fondo investe. Ci saranno sempre degli asset non valorizzati come la liquidità o gli strumenti derivati e di copertura, se utilizzati dal fondo, ma in definitiva occorrerà stabilire una soglia minima di elaborazione dei rating dei singoli titoli per poter emettere un rating ESG corretto per il fondo. Ad esempio nel caso di Morningstar questa soglia minima è del 67% del patrimonio del fondo. Inoltre occorre che la valutazione del rating ESG del fondo sia sottoposta ad aggiornamento costante nel tempo e questo presuppone anche l'aggiornamento dei rating dei singoli titoli. Ogni società di rating adotta propri criteri di valutazione dei singoli titoli e di conseguenza dell'ESG Rating del fondo: Morgan Stanley usa le lettere classificando il rating ESG del fondo al pari del rating dei singoli titoli (AAA e AA leader A, BBB e BB average e così via), mentre Morningstar usa il simbolo dei globi per esprimere un rating del fondo.

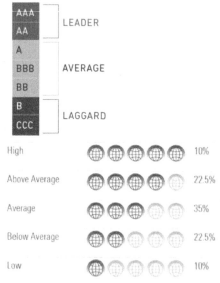

Figura 36 Esg rating Morgan Stanley e rating Morningstar.

In entrambi i casi risulta abbastanza semplice per un investitore selezionare i fondi che presentano un più alto rating ESG e di conseguenza il più basso rischio ESG. Un fondo a cui viene

146

assegnano 5 globi è sicuramente un fondo sostenibile che presenta rischi ESG trascurabili. I rating ESG dei fondi sono utili anche a noi consulenti finanziari per poter selezionare quegli strumenti che si adattano meglio alle esigenze di sostenibilità del cliente. Non dimentichiamo che il consulente finanziario è il principale *influencer* degli investimenti sostenibili e responsabili, ma per fare ciò dovrebbe tradurre in parole semplici e concrete l'impatto che un determinato investimento sostenibile ha nei confronti dell'ambiente e del sociale, passando dai "globi" ad azioni concrete come risparmio di CO_2, di litri di acqua risparmiata, di chilogrammi di rifiuti riciclati o di percentuale di società che presentano un alto grado di soddisfazione dei propri dipendenti.

A partire dal 2018 si sono maggiormente sviluppati e aumentati gli asset investiti in strategie ESG passive (etf sostenibili) come è stato evidenziato da una ricerca di Morningstar il cui grafico è riprodotto qui di seguito.

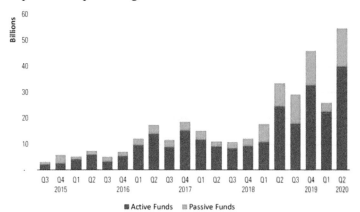

Figura 37 Fonte Morningstar giugno 2020.

Le ragioni di questo successo sono essenzialmente due: da una parte la crescente popolarità degli investimenti sostenibili e dall'altra la crescente popolarità dei fondi passivi. E andando ad approfondire questo tema possiamo dire che il miglioramento e la maggiore quantità di dati non finanziari a disposizione e la produzione e diversificazione di benchmark ESG, hanno contribuito e accelerato questo successo. Da anni si discute se sia migliore una gestione attiva oppure una gestione passiva, soprattutto nell'interesse dell'investitore e da anni la questione non è stata definitivamente risolta, perché a mio avviso, esistono argomentazioni a favore dell'uno e a favore dell'altro. Vedo che molti miei colleghi hanno cominciato ad utilizzare e a proporre ai propri clienti fondi etf a gestione passiva, cosa impensabile solamente alcuni anni fa, utilizzando portafogli di investimento ben strutturati dalle banche, mettendo gli stessi in consulenza a pagamento. Le argomentazioni a favore di soluzioni ESG passive di investimento non sono diverse da quelle adottate per gli altri tipi di investimento passivi ovvero quando non ci sono investimenti sostenibili di mezzo. La prima è quella di una minore onerosità del fondo: le commissioni di gestione di un etf sono molto più basse rispetto a quelle di un fondo a gestione attiva. All'interno degli etf sostenibili dobbiamo segnalare che le commissioni di gestione sono più alte per gli etf tematici rispetto agli etf che utilizzano approcci di integrazione o strategie di esclusione. La seconda è che l'etf appare agli occhi dell'investitore più trasparente, sia nelle società in cui investe e sia nei prezzi. Un etf quotato sui mercati regolamentati ha un nav[35] e un prezzo di mercato di acquisto e di vendita (denaro e lettera) e quest'ultimo è facilmente visibile e consultabile da qualsiasi risparmiatore. La terza è che il fondo che adotta strategie passive sottrae il gestore da responsabilità e dilemmi qualora le performance del fondo fossero inferiori al benchmark di riferimento, evitando che lo stesso cerchi di recuperare la performance mancante a scapito di strategie poco sostenibili o non in linea con i principi ESG. Naturalmente esistono anche pareri contro le strategie passive per gli investimenti sostenibili: la prima è che l'investimento ESG tiene conto di tante informazioni non finanziarie e di un processo di analisi umano molto complesso in contrasto con l'applicazione di una metodologia statica e rigida, propria di una gestione che replica un determinato benchmark. La

---

[35] Net Asset Value (valore della quota calcolato dalla società di gestione del fondo).

seconda obiezione è relativa all'indebolimento delle pratiche di influenza (engagement) di cui abbiamo parlato sopra sugli emittenti. In realtà anche un gestore passivo ha i diritti di voto e quindi può esercitare delle influenze, anche se meno efficaci, nei confronti degli emittenti oggetto dell'investimento. L'ultima obiezione riguarda la periodicità di controllo e revisione degli emittenti che nelle strategie passive avviene solamente quando sono ribilanciati i relativi benchmark, mentre il controllo delle rischiosità ESG degli emittenti dovrebbe essere costante e continuo.

Altro strumento di finanza sostenibile è rappresentato dall'obbligazione verde (green bond). Si tratta di un titolo di debito il cui scopo è raccogliere somme di denaro che saranno impiegate per finanziare o rifinanziare nuovi o vecchi progetti che avranno un impatto positivo sull'ambiente e sul clima. I *green* bonds sono diversi dai cosiddetti *social* bonds o *sustainable* bonds in quanto varia il progetto che si intende finanziare: i *social* bonds vanno a finanziare progetti sociali, mentre i *sustainable* bonds vanno a finanziare progetti ibridi ovvero quei progetti che hanno un impatto positivo sia a livello ambientale che a livello sociale. Il primo Btp green è stato emesso dallo stato italiano a marzo del 2021 con scadenza nel 2045 e l'obiettivo è quello di finanziare la transizione ecologica del nostro paese. I Btp green sono del tutto simili ai Buoni del Tesoro poliennali ovvero garantiscono un reddito fisso rappresentato dalle cedole semestrali e il rimborso del capitale nominale a scadenza. Il mercato dei green bonds è molto recente e risale al 2007 con le emissioni da parte di due enti sovrannazionali come la Banca Europea degli Investimenti e la Banca Mondiale entrambi con l'obiettivo di finanziare progetti relativi alle energie rinnovabili e all'efficientamento energetico. Ci sono ovviamente delle linee guida elaborate dall'ICMA (International Capital Market Association) che determinano se una determinata obbligazione possa considerarsi "verde" e si basano su quattro pilastri fondamentali:

- La destinazione delle somme raccolte deve essere ben individuata dall'emittente del bond;
- I progetti a cui sono destinate le risorse finanziarie raccolte devono risultare da un elenco di categorie ben definito;
- L'emittente deve garantire la massima trasparenza sull'utilizzo delle somme raccolte;
- Gli investitori devono sempre essere informati con dei report periodici sull'avanzamento dei progetti finanziati.

Nel 2018 il Parlamento europeo ha varato un secondo livello di tutele note come European Green Bonds Standard indicando quali sono gli obiettivi ambientali oggetto di possibili emissioni di obbligazioni verdi:

- La mitigazione dei cambiamenti climatici;
- L'adattamento ai cambiamenti climatici;
- La protezione e l'uso sostenibile delle acque;
- L'economia circolare;
- La prevenzione e la riduzione dell'inquinamento;
- La protezione della biodiversità negli ecosistemi.

Pur essendo degli strumenti finanziari molto recenti, gli stessi hanno incontrato il favore degli investitori e dal 2007, prima emissione di un 'obbligazione verde, i volumi e le emissioni sia di enti sovrannazionali che di privati sono andate aumentando. Inoltre la posizione dell'Europa nelle emissioni di green bonds è aumentata in termini assoluti e sta ricoprendo una tendenza da leader nell'attuazione di quello che è stato definito il Green New Deal Europeo. Tra le emissioni di obbligazioni verdi prevalgono quelle emesse in valute forti come l'euro e il dollaro, anche se ultimamente alcune emissioni sono espresse in yuan cinese. Queste tre valute principali rappresentano circa l'80% del mercato dei green bonds anche se stanno comparendo emissioni espresse in valute minori come i dollari canadesi e australiani.

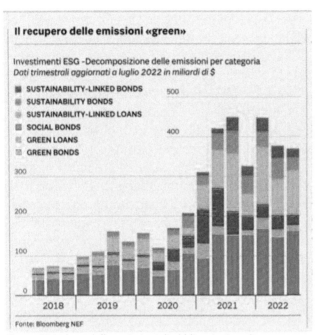

Figura 38 Volumi delle emissioni di obbligazioni verdi.

Una domanda che spesso gli investitori, ma anche noi, *"addetti ai lavori"* ci facciamo relativa ai green bonds è se proprio quell'etichetta "green" possa avere un impatto sul costo del finanziamento per l'emittente. Da parte dell'investitore, invece, ci dobbiamo chiedere quale prezzo può essere accettato in fase di sottoscrizione (mercato primario) o in una fase successiva (mercato secondario). Da questo prezzo ovviamente ne deriva il rendimento atteso della stessa obbligazione verde. Numerose ricerche effettuate sui bond in circolazione che hanno caratteristiche di durata, emittente e altre caratteristiche similari tra obbligazioni verdi e obbligazioni tradizionali, hanno dato esiti contrastanti e non omogene. Tuttavia in diversi studi è emersa l'esistenza di un cosiddetto "green bond premium", ovvero la disponibilità da parte degli investitori a pagare un "premio", un prezzo più alto per le obbligazioni green, pur di contribuire al raggiungimento di un obiettivo utile per l'ambiente e per il sociale. In alcuni casi il maggior prezzo delle obbligazioni verdi rispetto a quelle tradizionali è determinato da una scarsità dell'offerta di tali strumenti e di contro, una domanda sempre più crescente da parte degli investitori, determinando il classico squilibrio domanda/offerta. L'esistenza in taluni casi di questo "green bond premium" consente all'emittente di ottenere un vantaggio in termini di condizioni di finanziamento rispetto ad un'obbligazione tradizionale o ad altri canali di finanziamento. Le stesse considerazioni che abbiamo fatto per i *green* bonds valgono per il *social* bonds in cui varia solamente l'oggetto ovvero la destinazione delle somme raccolte che invece di finanziare progetti "verdi", vanno a finanziare progetti sociali come l'accesso ad infrastrutture di base tipo acqua potabile, fognature, servizi igienici o l'accesso a servizi essenziali come la sanità, la scuola e i servizi finanziari. In altri casi si va a finanziare alloggi a condizioni accessibili o progetti per l'occupazione. Insomma tutti progetti che hanno a che fare con l'aspetto sociale della nostra vita e che hanno come obiettivo quello di aiutare una determinata categoria di persone: persone che vivono sotto la soglia della povertà relativa, persone emarginate, sotto istruite o che presentano delle disabilità, disoccupati, donne e giovani che hanno difficoltà a trovare un'occupazione. Molto simili, non dal punto di vista finanziario e organizzativo, ma nello scopo finale da perseguire, sono i Social Business definiti dal premio Nobel Prof. Muhammad Yunus, l'inventore del microcredito e della Grameen Bank. L'obiettivo principale di un "social business" non è quello di massimizzare il profitto, ma quello di risolvere un problema sociale o ambientale. Si tratta di risolvere uno dei tanti problemi che affliggono le persone nel mondo, come la povertà, la salute, l'istruzione o l'ambiente. Una volta individuato il problema che si intende risolvere viene steso un piano finanziario ed economico che deve essere auto sostenibile. Non si tratta infatti di raccogliere fondi come spesso fanno le società "onlus" (senza scopo di lucro) e destinarle una tantum a popolazioni disagiate, ma un vero e proprio business, che ha una propria struttura economica e finanziaria in grado di generale utili. Gli azionisti infatti ricevono utili sotto forma di dividendi fino alla completa restituzione del capitale apportato; gli utili successivi sono reimpiegati nell'azienda e contribuiscono ad accrescere e a migliorare il business sociale. Questo modello di fare impresa non mira a sostituire il tradizionale modello capitalista, ma ad affiancarlo, usando gli stessi schemi economici, ma con obiettivi diversi e senza dipendere da donazioni private o da finanziamenti pubblici. L'esempio più illuminante e geniale è stato quello della nascita della banca del microcredito, Grameer Bank" cha ha fatto vincere al professore Yunus il premio Nobel per la pace nel 2006 per il contributo nel promuovere lo sviluppo economico e sociale da parte delle persone più povere. Tutto è cominciato nel lontano 1974 quando il professor Yunus, girando per i villaggi più poveri del Bangladesh e intervistando numerose donne che lavoravano per conto terzi degli sgabelli di bambù, scoprì che si poteva portare loro qualche beneficio, investendo nella loro operosità e nella loro onestà. Ecco come la racconta lui:

È suo il bambù che usa per lavorare?
No, lo compro per 5 taka (equivalente a 22 centesimi di dollaro) dal rivenditore a cui rivendo gli sgabelli alla fine della giornata, e così ripago il debito e quel che rimane, è il mio profitto.
A quanto rivende gli sgabelli?
Cinque taka e 5 paisa.
Così il suo guadagno è di 5 paisa?
La donna confermò con il capo. Il guadagno della giornata ammontava in tutto a 2 centesimi di dollaro! Il professore e i suoi studenti, abituati a ragionare in termini di miliardi, toccarono con mano che lì, sotto i loro occhi, la vita e la morte si giocava sui centesimi. Il professor Yunus respinse la tentazione di mettere mano al portafoglio e dare alla donna la somma irrisoria di cui aveva necessità, e ipotizzò invece la possibilità di un microcredito di cinque taka che consentisse alla donna di lavorare con profitto e non gratis. Incaricò i suoi studenti di compilare un elenco di donne che ricorrevano al

prestito dei commercianti e dopo una settimana l'elenco di 42 donne era pronto: 42 nomi di persone per un prestito complessivo di 856 taka equivalente a 27 dollari. Strano il mondo vero? Per la misera cifra di 27 dollari, 42 famiglie erano ridotte alla fame!

Così nacque nel 1977 la Grameen Bank, la banca del microcredito, che valse al suo fondatore il professor Yunus il premio Nobel nel 2006. Il microcredito è concesso alle donne senza nessuna garanzia, a un tasso basso d'interesse solo perché dispongono della loro capacità di lavorare e della loro parola di restituire quanto ricevuto. La Banca dei poveri, la Grameen Bank, rifiuta il denaro e le sovvenzioni della Banca Mondiale e del Fondo Internazionale perché il professore si accorse che, dietro le burocrazie delle procedure, le somme destinate ai paesi poveri si volatilizzavano in biglietti aerei, ricevimenti alle ambasciate, costi alberghieri, e non un solo centesimo arrivava alle popolazioni che ne avevano bisogno. Dopo una serie di rifiuti il professor Yunus fu invitato dalla Banca Mondiale a rendere pubbliche le sue ragioni.

La sua spiegazione e le sue parole furono queste:

"Impiegare brillanti professionisti non necessariamente si traduce in politiche e programmi che aiutano la gente, in particolare che aiutano i poveri. Può accadere che i grandi cervelli si mantengano al livello della stratosfera, senza avere percezione della vita che si svolge sulla terra. La Banca mondiale dovrebbe raggiungere persone che capiscono i poveri e il tipo di vita che conducono. Se così fosse diventerebbe un'istituzione molto più utile, anche senza disporre dei tecnici migliori provenienti dalle più illustri accademie del mondo. [...] Inoltre, se obiettivo primario della Banca Mondiale è quello di combattere la povertà nel mondo, sarebbe meglio che la Banca avesse sede dove regna la miseria, a Dhaka per esempio, cuore della povertà e delle sofferenze umane. Una volta che la Banca si fosse trasferita a Dhaka, che non è certo il posto ideale dove far crescere i figli o condurre una brillante vita sociale, molti dei cinquemila impiegati rifiuterebbero di andarci, mentre altri andrebbero

*volontariamente in pensione o cambierebbero lavoro. Ne
seguirebbe un duplice vantaggio: liberarsi in modo indolore di
quelli a cui non importa nulla dei poveri, e poterli sostituire
con altri che hanno davvero a cuore il problema. Sarebbe così
possibile ridurre drasticamente le spese assumendo persone il
cui stile di vita non richiede stipendi elevati. A Dhaka la vita è
molto meno cara che a Washington".*

Questa è la filosofia del professor Muhammad Yunus e della
Grameen Bank che ha un organico di dodicimila persone e
milleseicento filiali e questo è un esempio di un'economia che,
alla crescita infinita e al profitto, preferisce la promozione
dell'uomo e la sua dignità, evitando quei rimedi inutili e poco
dignitosi che sono l'elemosina e la carità.

Gli aspetti che riguardano gli investimenti sostenibili sono in
continua evoluzione normativa e comprendono anche altri
strumenti finanziari e assicurativi. Numerose banche nella
concessione di finanziamenti o mutui alle imprese, stanno
sempre di più valutando l'aspetto ESG delle stesse che
rappresenta un aspetto positivo di valutazione. E perfino nel
mondo dei derivati, cominciano ad essere collocati certificati
di investimento che hanno come indici sottostanti, indici ESG.

In conclusione il tema degli investimenti sostenibili e dei 17
obiettivi di sostenibilità dell'Onu ci accompagneranno nei
prossimi anni e nei prossimi decenni, perché il tempo sta per
scadere come ci ricorda l'ultimo rapporto del IPCC
(Intergovernmental Panel on Climate Change) del marzo 2023.
Dobbiamo agire il prima possibile e entro il 2040 per invertire
la tendenza, perché superato questo limite non ci sarà più la
possibilità di agire in maniera efficiente per contenere il
riscaldamento climatico e salvare la nostra specie. Il pianeta, in
quanto tale, è esistito molti anni prima della comparsa
dell'uomo ed esisterà molti anni e secoli dopo la nostra
scomparsa e al momento non abbiamo un altro pianeta dove
andare ad abitare. È per questo che dobbiamo tenerlo in buona
salute.

Capitolo 4 Conclusioni

La mattina del 26 febbraio 2021 mi svegliai presto. Non avevo dormito molto la notte a causa dell'agitazione dentro di me e la tensione per l'esame che avrei dovuto sostenere. Uscii di casa per recarmi in ufficio. Era una fredda e pungente mattina invernale e dalle narici uscivano sbuffi di condensa. Soffiava un vento gelido, talmente freddo da farmi rabbrividire, talmente forte da spazzare via lontano nuvole minacciose e cariche di pioggia. *"Alla faccia del riscaldamento globale"* pensai! *"Qui si gela!"* Poi mi ricordai che fenomeni naturali estremi di caldo e di freddo intenso si stavano verificando da anni con sempre maggiore frequenza. Alle ore 10 mi sarei collegato da remoto con la sede Efpa per sostenere l'esame per la certificazione ESG, attestato riconosciuto a livello internazionale nel campo degli investimenti sostenibili. Da qualche anno a causa della pandemia da Covid-19 tutti gli esami, universitari e non, si svolgevano online e non in presenza per evitare affollamenti e quindi contagi. Attraverso un pc e un cellulare mi sarei collegato per sostenere e rispondere alle 20 domande del test a risposta multipla. Mi sentivo pronto a sostenere tale prova: mi ero preparato sul corso, anch'esso online della Sda Bocconi e mi ero esercitato più di una volta, a dire il vero tantissime volte nelle simulazioni dei test. Inoltre durante le mie esercitazioni, ogni volta che sbagliavo una risposta, riguardavo nuovamente l'argomento nei documenti del corso di preparazione. E poi come si dice? A forza di sbagliare, impari anche la risposta corretta! Insomma ero pronto e ora volete sicuramente sapere come è andato l'esame. Bene, molto bene. Le domande erano più o meno le stesse delle simulazioni a parte due o tre che erano formulate in maniera diversa, ma conoscevo bene la risposta. Risultato finale? Test superato con 19 risposte corrette e una sola errata. Tempo di esecuzione: 12 minuti e 25 secondi. Un mostro!
Ero, come quando si supera un esame o si raggiunge un nuovo traguardo, felicissimo e anche in questo caso devo ringraziare l'Associazione Nazionale Agenti Servizi Finanziari (Anasf)

per aver avvicinato i propri associati ad un tema importante come quello della sostenibilità ESG e aver stipulato un accordo con la Sda Bocconi per un corso di preparazione ad un costo molto contenuto. Io lavoro poi per una banca che ha fatto della sostenibilità una bandiera insostituibile e che promuove in tutti i servizi offerti alla propria clientela, prodotti ESG. Nel 2022 la rivista inglese CFI – Capital Finance International ha riconosciuto e premiato Banca Generali come la "Best Sustainable Private Bank Italy". La giuria del premio ha apprezzato l'impegno che la banca ha nel tema degli investimenti sostenibili e nella promozione degli stessi e anche per aver tradotto con parole semplici l'impatto che l'adozione di strumenti sostenibili hanno sull'ambiente e sul sociale. Il responsabile dell'area e della sostenibilità ha dichiarato che il premio riconosce il posizionamento della banca tra quelle più attente in Europa ai temi della sostenibilità e alla creazione di valore condiviso con tutti gli stakeholders.

Cosa è cambiato dopo quell'esame e quel riconoscimento ulteriore per la mia attività lavorativa? Non molto in termini pratici, ma molto nella sensibilità e nella selezione dei prodotti, fondi e titoli. Anche se il cliente nel proprio profilo Mifid non ha ancora bene compreso l'importanza delle scelte sostenibili in campo finanziario, mi sento in dovere di educare al meglio l'investitore e di proporre a parità di altri elementi, fondi e titoli, che hanno anche una caratteristica di sostenibilità ESG. Mi rendo conto che con due guerre in corso le aziende che stanno beneficiando di tale situazione e stanno salendo in borsa, sono quelle aziende che producano armi, almeno negli ultimi due anni. Ma allo stesso tempo, mi rifiuto categoricamente di promuovere e di sollecitare il risparmio dei miei clienti verso queste società, così come verso altre società che non rispettano criteri ambientali o che ancora peggio non rispettano criteri sociali verso i propri dipendenti. Non è facile, ma abbiamo a disposizione strumenti di analisi e di selezione sempre più sofisticati che ci permettono di fare delle ottime scelte alternative e più sostenibili.

Il tema poi della sostenibilità è molto vasto e coinvolge tutta l'umanità, tutte le nazioni, tutti i popoli, sia quelli che hanno la fortuna di vivere in un mondo ricco e sviluppato e sia quelli che hanno la sfortuna di vivere in un sud povero e sottosviluppato e che spesso sono le vittime dei cambiamenti climatici. E il tema è ancora più complesso perché, riguardando più popoli e più stati, non è sempre semplice trovare un accordo, prendere delle decisioni importanti in comune e adottare approcci allineati. In questi giorni si sta discutendo sul fatto che gli obiettivi fissati a Parigi nel 2015 e riguardanti il contenimento dell'innalzamento delle temperature ad 1,5°, difficilmente saranno raggiunti entro il prossimo 2030. Dobbiamo fare però tutti uno sforzo enorme. Dei 17 obiettivi dell'Onu, che sono tutti molto belli e ambiziosi, uno solamente mi sembra che sia estremamente importante: il n. 17 Partnership per gli obiettivi. Senza una vera collaborazione tra tutti gli stati, sarà difficile raggiungere anche gli altri 16 obiettivi. Senza la profonda consapevolezza che il pianeta è il pianeta di tutti e va salvaguardato in tutti i modi, senza nessuna esclusione, sarà difficile raggiungere tali obiettivi. Come ci ricorda la poetessa Kapka Kassabova: *"la vita digitale e la cultura del consumo infinito stanno succhiando la linfa vitale delle persone e producono una società di zombie. Dobbiamo staccare la spina dal digitale e collegarci all'organico".* Il pianeta è un organismo vivente e ogni essere vivente è parte di un universo consapevole. Chi di noi non ha almeno una volta giocato a Monopoly? Il gioco da tavolo più famoso al mondo fu inventato da una donna, Elisabeth Magie all'inizio del secolo scorso. Il gioco si chiamava *The Landlord's Game,* e aveva due set di regole da scegliere per giocare: "Prosperity" e "Monopoly". Nel primo gruppo di regole, il gioco prevedeva che ogni giocatore vincesse dei soldi ogni volta che un altro acquistava una proprietà. La partita veniva vinta da tutti quando il più povero aveva raddoppiato il proprio capitale di partenza. Era un gioco di collaborazione dove tutti dovevano far sì che gli altri guadagnassero dei soldi e che quello più sfortunato raddoppiasse le proprie risorse. Insomma, creare del bene sociale condiviso. L'altro set di regole, Monopoly, lo conosciamo bene e consiste nell'accumulare proprietà e denari a discapito di tutti gli altri e il gioco si conclude quando gli altri sono finiti sul lastrico. L'intento della Magie era quello di far comprendere alle persone come ci si sentisse a giocare in un mondo di Prosperità o in un mondo Monopolista, sperando che tutto questo avesse aiutato i giocatori a migliorare la propria vita. La storia del gioco la conosciamo tutti: quando i fratelli George e Charles Parker comprarono il gioco dalla Magie, lo modificarono, lasciando solamente il set di regole Monopoly e così per oltre 100 anni abbiamo insegnato ai bambini di tutto il mondo che il modo migliore per essere rispettati e vincenti era quello di mandare sul lastrico tutti gli avversari. Che era più importante arrivare prima degli altri, in uno spirito competitivo, che non escludeva qualsiasi mezzo, piuttosto che arrivare insieme, adottando uno spirito collaborativo di prosperità. Dobbiamo oggi riflettere, al di là del gioco, se vogliamo alimentare un ambiente di prosperità o di monopolio e creare un ambiente collaborativo e di fiducia collettiva.

Il perché di questa profonda riflessione è dovuto al fatto che l'umanità è l'unica responsabile dei cambiamenti climatici o come li chiamano nella comunità scientifica, di queste mutazioni. Da quando l'uomo ha smesso di essere un cacciatore/raccoglitore che si adattava all'ambiente circostante e ha cominciato ad insediarsi in determinate aree è iniziata una fase di adeguamento dell'ambiente alle condizioni umane. L'uomo ha adattato l'ambiente alle proprie esigenze, distruggendo habitat e altri esseri viventi. I primi umani apparsi sulla Terra circa 2,5 milioni di anni fa si spartivano l'ambiente circostante con gli altri esseri viventi e il loro impatto ecologico non era poi così diverso da quello di un gorilla o di un leone. Con la rivoluzione agricola avvenuta circa 12.000 anni fa, l'impronta ecologica della specie umana si fa sempre più profonda e l'homo sapiens comincia a dominare su tutte le altre specie. Chi avrebbe immaginato allora che questa specie sarebbe arrivata al vertice della vita e avrebbe passeggiato sulla luna! Anzi a dirla tutta, per quasi due milioni di anni l'uomo si trovava in una posizione di mezzo nella catena alimentare:

cacciava specie animali più piccole o si nutriva di frutti e bacche, ma allo stesso tempo poteva essere preda di specie animali più grandi. Solo di recente, 400.000 anni fa, l'uomo cominciò a cacciare selvaggina di taglia più grande e negli ultimi 100.000 anni ha raggiunto l'anello più alto della catena alimentare. E gli umani raggiunsero quella vetta in tempi rapidi senza dare modo all'ecosistema di riequilibrare le sorti delle varie specie. I leoni, per citare un esempio lontano dalla specie umana, conquistarono quella vetta in tempi molto più lunghi, dando modo alle prede di imparare a correre più veloci o a difendersi in un altro modo. Sicuramente la scoperta del fuoco aiutò moltissimo gli umani a conquistarsi la vetta della piramide alimentare e li rese ancora più potenti. Con il fuoco si potevano difendere meglio e con il fuoco potevano cuocere cibi, maggiormente digeribili e non infestati da germi e parassiti. Insomma Prometeo ci fece un bel regalo e come sempre l'uomo lo ha sfruttato per dominare su tutti gli altri esseri viventi. Inoltre l'uomo possiede quella capacità di collaborare in maniera flessibile e su larga scala con moltissimi individui e anche questo lo ha reso unico nel panorama degli esseri viventi. Le api ad esempio hanno questa capacità di collaborare con moltissimi esemplari, ma se qualcosa non funziona all'interno dell'alveare, a nessuna delle api viene in mente di arrestare la regina e tagliarle la testa! Altre specie animali collaborano, ma solamente all'interno di una stretta cerchia di esemplari. Per moltissimi anni gli oceani e i mari hanno rappresentato per gli umani una barriera insuperabile che impedì loro di trasferirsi dalle terre afro asiatiche in altre terre come il continente australiano. In questo continente pertanto si sono sviluppate indisturbate specie animali gigantesche: canguri alti due metri, leoni marsupiali, koala e lucertole simili a draghi. Non mancava il più grande e gigantesco diprotodonte, un animale di oltre due tonnellate di peso che scorrazzava libero nelle foreste australiane. Non appena l'uomo superò l'ostacolo e la barriera del mare, costruendo e governando imbarcazioni, nel giro di poche migliaia di anni scomparvero quasi tutte le specie di taglia grande e molte specie di taglia piccola. Negli altri continenti, gli animali avevano imparato a riconoscere l'uomo e la sua ferocia e quindi avevano imparato a stare lontano o ad evitare questa specie aggressiva, ma nel continente australiano la mega fauna terrestre non fece in tempo a conoscere la ferocia umana. Se prendiamo infatti la figura di un umano, non appare così aggressiva: non ha denti affilati, non corre così veloce e non ha muscoli possenti da mostrare. Pertanto il grosso diprotodonte avrà sicuramente alzato lo sguardo verso questo sconosciuto umano e vedendolo così minuto, si sarà rimesso a mangiare senza nessuna preoccupazione. Invece nel giro di qualche migliaio di anni l'ecosistema australiano era profondamente cambiato.

Figura 59 Confronto dimensioni uomo e alcune specie australiane scomparse.

La scomparsa del diprotodonte probabilmente è stato il primo disastro ecologico inflitto dall'uomo a dispetto di altre specie vegetali e animali. Un altro disastro, altrettanto enorme, è avvenuto circa 16.000 anni fa quando dalle steppe della Siberia l'uomo ha attraversato quel tratto, ghiacciato, che porta all'Alaska nord occidentale. Gli uomini si erano trasferiti in questi territori poco ospitali per un essere vivente, dove le temperature possono raggiungere livelli insopportabili e dove il sole d'inverno non splende mai, perché ricchi di grandi animali come renne e mammut, che potevano fornire loro una quantità enorme di carne, ma anche di pellicce e avorio. Inoltre le basse temperature permettevano di conservare al meglio la carne in eccesso che poteva essere consumata in seguito. Una volta sbarcati nel nuovo mondo molto tempo prima di Cristoforo Colombo, cominciarono a scendere nel continente americano lasciando dietro di sé una lunga scia di vittime. I grossi mammiferi hanno un ciclo riproduttivo molto lungo: la caccia e l'uccisione di molti esemplari portarono nel giro di circa 2000 anni alla completa estinzione di questi grossi mammiferi e di altre numerose specie viventi. Il Nord America perse in questo periodo un numero elevato di grandi mammiferi. I felini dai denti a sciabola che abbiamo di recente visto in qualche cartone animato e che avevano vissuto indisturbati per trenta milioni di anni, scomparvero definitivamente, così come i bradipi giganteschi. Con essi anche altre specie di animali di più piccola taglia, di rettili e di uccelli si estinsero. Fu tutta colpa dell'uomo? Probabilmente anche le glaciazioni, i cambiamenti climatici, le mutazioni geologiche aiutarono l'uomo a far scomparire numerose specie animali in quella che viene chiamata la prima ondata della colonizzazione del mondo da parte dei primi umani cacciatori-raccoglitori. Essa fu seguita da una seconda ondata relativa all'espansione degli agricoltori (rivoluzione agricola) e da una terza, che stiamo ancora vivendo relativa alla rivoluzione industriale. L'uomo, con la sua attività ha raggiunto il primato di essere il più spietato sulla terra, portando all'estinzione di moltissime specie animali e vegetali. Si sono salvati solamente gli animali da cortile e quelli degli allevamenti intensivi che servono solamente all'industria alimentare. Con l'epoca moderna, l'uomo ha adattato e distrutto molti habitat naturali e ha trasformato un mondo azzurro e verde in una distesa infinita di cemento e plastica.

All'inizio di questo libro ho parlato delle paure che si avevano nei primi anni '70, degli studi del Club di Roma che illustrava un mondo in cui non era assolutamente possibile immaginare un benessere crescente e una crescita economica sempre positiva. Un mondo in cui due dei suoi ingredienti, materie prime e energia, sono beni in via di esaurimento. Parliamo di beni che, se maggiormente utilizzati, finiranno per esaurirsi, in un mondo dove la popolazione mondiale è passata da 700 milioni di uomini del 1700 agli oltre 8 miliardi di oggi, con un'accelerazione spiccata negli ultimi decenni. Ma la scarsità di queste risorse e il degrado ambientale, sono due aspetti da tenere separati e soprattutto il primo può risultare non del tutto vero. Se io aggiungessi un terzo ingrediente agli altri due (materie prime ed energia), un ingrediente particolare e molto importante, un ingrediente che più ne consumo e più ho disponibilità, allora posso immaginare una crescita infinita e un benessere diffuso. L'ingrediente è la conoscenza! Più ne consumiamo e più ne abbiamo. E con la conoscenza, con le scoperte scientifiche possiamo trovare altre materie prime e altri tipi di energie rinnovabili e infinite. La conoscenza e la condivisione delle scoperte scientifiche possono rappresentare per l'umanità un ancora di salvezza, non tanto per il pianeta in sé stesso, ma proprio per noi. Se non prevale l'egoismo e la diffidenza, se le scoperte scientifiche vengono utilizzate per migliorare la vita delle persone, allora è possibile salvare il pianeta e fare in modo che possa accogliere anche numerosi altri individui. C'è posto per tutti!

Glossario

Glossario della finanza sostenibile	Definizioni
Accordo di Parigi	Accordo adottato nel dicembre 2015 durante la Cop21 (Conferenza delle Parti) con l'obiettivo di mantenere l'aumento della temperatura media al di sotto dei 2° celsius e di fare ulteriori sforzi per contenere l'aumento a 1,5° rispetto ai livelli preindustriali.
Agenda Onu 2030	Il 25/09/2015 l'Onu con il supporto di 193 paesi adotta L'Agenda 2030: una lista di 17 obiettivi di sviluppo sostenibile (SDGs) e 169 target o sotto-obiettivi da realizzare entro il 2030.
Agenzie di rating si sostenibilità	Le agenzie di rating di sostenibilità o di rating ESG (si veda la definizione ESG) sono centri di ricerca specializzati nella raccolta ed elaborazione di informazioni sul profilo ambientale, sociale e di governance delle imprese, al fine di fornire agli investitori le informazioni utili a prendere decisioni di investimento consapevoli.
Analisi ESG o extra finanziaria	Attraverso l'analisi extra-finanziaria si valuta l'operato

	delle imprese in campo ambientale, sociale e di governance, al fine di selezionare le società da inserire all'interno del cosiddetto 'universo investibile'. A seconda della metodologia sottostante all'analisi extra-finanziaria, si definiscono le specifiche modalità e i criteri di valutazione. In generale, l'analisi viene condotta a partire dai bilanci d'esercizio o bilanci di sostenibilità e dalle informazioni fornite dall'impresa e da altre organizzazioni come i sindacati, le associazioni dei consumatori, le associazioni ambientaliste e le ONG. La valutazione di sostenibilità può riguardare anche i cosiddetti "emittenti governativi". La valutazione in questo caso misura la responsabilità sociale a livello Paese, consentendo di selezionare i titoli di stato anche in base alle performance di sostenibilità.
Azionariato attivo	Il termine "azionariato attivo" (tradotto letteralmente dall'inglese "shareholder activism" o "active ownership") identifica l'attività di dialogo investitore/impresa connessa ai diritti di voto in assemblea.

	L'azionariato attivo rappresenta una fase del più ampio processo di relazione e dialogo strutturato tra investitore ed impresa partecipata, identificato con il termine "engagement" (si veda la definizione: Strategie SRI – Engagement).
Benchmark ESG	Indice che oltre a definire un universo di investimento, e a rappresentare e misurare la performance di strategie di investimento, incorpora i criteri di sostenibilità ESG.
Bilancio di sostenibilità	Il bilancio di sostenibilità è un rapporto che una società o un'organizzazione pubblica per fornire ai propri stakeholder informazioni sugli impatti economici, ambientali e sociali causati dalla propria attività. All'interno del bilancio di sostenibilità sono inoltre illustrati i valori ed il modello di governance ed esplicitate le modalità e le strategie attraverso cui la società s'impegna a promuovere lo sviluppo sostenibile. Fonte: Global Reporting Initiative
Bilancio integrato	Il bilancio integrato è una comunicazione sintetica che illustra come la strategia, la governance, le performance e

	le prospettive di un'organizzazione consentono di creare valore nel breve, medio e lungo periodo nel contesto in cui essa opera. All'interno del bilancio integrato confluiscono sia informazioni economico-finanziarie (contenute nel bilancio di esercizio) che informazioni riguardanti gli impatti economici, ambientali e sociali dell'attività dell'impresa. L'elemento di novità del bilancio integrato rispetto al bilancio di sostenibilità risiede nella possibilità di esplicitare il legame tra la strategia, le performance finanziarie ed il contesto sociale, ambientale ed economico all'interno del quale opera l'organizzazione. Fonte: International Integrated Reporting Council
Codici di Stewardship	I codici di stewardship sono diretti a promuovere il monitoraggio da parte degli investitori istituzionali sulle società oggetto di investimento tutelando e incrementando il valore del portafoglio azionario.
Consulente ESG	Si tratta di persone od organizzazioni che hanno sviluppato specifiche competenze nel campo dell'investimento sostenibile e

	responsabile. Svolgono funzioni di affiancamento agli investitori nella definizione delle politiche e delle strategie SRI (vedi definizione "Investimento sostenibile e responsabile"), di modo che queste risultino coerenti con le specifiche esigenze ed i principi di chi si avvale della loro consulenza. Nella maggior parte dei casi, questo tipo di servizio viene offerto dalle stesse agenzie di rating ESG (vedi definizione "Agenzie di rating di sostenibilità"); in altri casi, gestori specializzati sui temi di sostenibilità lo integrano nei servizi di asset management.
Dichiarazione non finanziaria (DNF)	È un importante fonte informativa dove le società rendicontano annualmente in merito a politiche, obiettivi e risultati in materia ambientale, sociale e di governance (politiche del personale, rispetto dei diritti umani, lotta alla corruzione, diversità di genere).
Finanza sostenibile	Insieme di servizi finanziari, di operazioni bancarie, di strategie di investimento e di allocazione di risorse, che consentano progressi nella direzione dello sviluppo

	sostenibile. Vedi anche Sviluppo sostenibile.
Green Bond	I green bond o "obbligazioni verdi" sono qualsiasi tipo di strumento obbligazionario i cui proventi vengono impiegati esclusivamente per finanziare o rifinanziare, in tutto o in parte, nuovi e/o preesistenti progetti ambientali. Alcuni esempi di categorie di progetti: l'efficienza energetica, le energie rinnovabili, la mitigazione del cambiamento climatico (in questo caso si può parlare più propriamente di "climate bonds").
Green Deal Europeo	Progetto verde dell'Unione europea presentato a dicembre 2019 e considerato parte integrante per attuare l'agenda 2030 dell'Onu. Ideato per imprimere alle politiche europee una transizione ecologica.
Greenwashing	Si tratta di una pratica in cui alcune società di gestione si auto dichiarano sostenibili attribuendo ai propri prodotti etichette "verdi" che in realtà non meritano.
Investimento sostenibile e responsabile o anche Investimento ESG	L'Investimento Sostenibile e Responsabile, spesso abbreviato con l'acronimo SRI –

	dall'inglese Sustainable and Responsible Investment – mira a creare valore per l'investitore e per la società nel suo complesso attraverso una strategia di investimento orientata al medio-lungo periodo che, nella valutazione di imprese e istituzioni, integra l'analisi finanziaria con quella ambientale, sociale e di buon governo. (Testo elaborato nel 2013 dal Gruppo di Lavoro del Forum per la Finanza Sostenibile sulla Definizione di Investimento Sostenibile e Responsabile)
Microfinanza	Si intende per "microfinanza" l'offerta di prodotti e servizi finanziari a clienti che per la loro condizione economico sociale hanno difficoltà di accesso al settore finanziario tradizionale. La microfinanza aiuta le persone che vivono in povertà ad aumentare il loro reddito, a creare imprese sostenibili, a migliorare le loro condizioni di vita e quelle dei loro cari. È importante considerare la microfinanza (o finanza inclusiva) come uno strumento che permette alle persone povere, generalmente escluse dai sistemi finanziari formali, di accedere al credito, al risparmio e ad altri prodotti

	finanziari. Più che di "diritto al credito", si può parlare di diritto allo sviluppo e di diritto all'iniziativa economica, la quale deve poter essere equamente accessibile a tutti. Allo stesso tempo, per essere davvero equa e sostenibile, l'iniziativa economica non può essere a priori garantita nel risultato, ma deve avvenire sulla base di impegni precisi da parte di chi accede a un credito. In questo senso, nel parlare di microcredito e microfinanza, è bene portare l'attenzione tanto sul valore dell'accesso al credito quanto sulla responsabilità che esso comporta per tutti i suoi protagonisti, beneficiari compresi. Fonte: RITMI – Rete Italiana Microfinanza
Piano di azione europea o Action Plan	Piano di azione adottato dalla Commissione Europea a marzo 2018 e ha l'obiettivo di imprimere una nuova prospettiva strategica alla finanza, a supporto di uno sviluppo sostenibile, e per dare slancio agli investimenti ESG trasformandoli da opzioni di nicchia a mainstream.
Phisycal Risk o Rischi fisici	Rischi di danneggiamento di proprietà, terreni, infrastrutture, nonché rischi di interruzione di attività per

	effetto di eventi climatici estremi e, più in generale, dei mutamenti climatici.
Polizze ESG	Le compagnie di assicurazione che aderiscono al Principles for Sustainable Insurance (vedi relativa voce), promuovono prodotti assicurativi di investimento inserendo i principi ambientali, sociali e di governance ESG.
Principles for Responsible Banking (PRB)	I Principle for Responsible Bankink (PRB) sono gli ultimi principi volontari lanciati nel 2019 a cui hanno aderito 132 banche di 49 paesi diversi. Anche il sistema bancario ha deciso di allinearsi a livello strategico ed operativo con la visione della società e del pianeta prevista nell'Agenda 2030 e nell'Accordo per il clima di Parigi. 1. Allineamento della strategia di business con quanto espresso nell'Agenda 2030 e negli Accordi sul clima di Parigi. 2. Impatto e definizione di obiettivi. Cercare attraverso la propria attività di avere più impatti positivi su ambiente e persone.

	3. Incoraggiare i propri clienti verso pratiche sostenibili supportandoli nella loro transizione di business e stile di vita più sostenibili. 4. Raccomandare ai vari stakeholders (clienti, dipendenti, società civile, ecc. 5.) di aderire e di far parte del gioco per soddisfare i 17 obiettivi dell'Agenda Onu. 6. Assicurare il proprio management di sviluppare strutture e assetti di governance che permettano di implementare i Principi. 7. Gli intermediari si impegnano ad una implementazione dei principi e ad una attività di reporting circa gli impatti positivi e negativi conseguiti.
Principles for Responsible Investment (PRI)	I Principles for Responsible Investment (o PRI) sono stati lanciati dalle Nazioni Unite nel 2006 con l'intento di favorire la diffusione dell'investimento sostenibile e responsabile tra gli investitori istituzionali; l'adesione ai PRI comporta il

	rispetto e l'applicazione dei seguenti principi:
	1. Incorporare parametri ambientali, sociali e di governance (ESG) nell'analisi finanziaria e nei processi di decisione riguardanti gli investimenti.
	2. Essere azionisti attivi e incorporare parametri ESG nelle politiche e nelle pratiche di azionariato.
	3. Esigere la rendicontazione su parametri ESG da parte delle aziende oggetto di investimento.
	4. Promuovere l'accettazione e l'implementazione dei Principi nell'industria finanziaria.
	5. Collaborare per migliorare l'applicazione dei Principi.
	6. Rendicontare periodicamente sule attività e progressi compiuti nell'applicazione dei Principi.
Principles for Responsible Insurance (PSI)	Sulla scia del successo dei Principles for Responsible Investment (PRI) a giugno del 2012, durante il Summit Rio +20

	in Brasile, 27 compagnie assicurative hanno sottoscritto i Principles for Sustainable Insurance (PSI), 4 principi rivolti al settore assicurativo che rappresentano un impegno ad allineare il modello di business con obiettivi di sviluppo sostenibile: 1. Includere nel processo decisionale tematiche ambientali, sociali e di governance relative all'esercizio dell'attività assicurativa. 2. Lavorare insieme ai clienti e ai partner commerciali ai fine di sensibilizzarli riguardo le tematiche ESG. 3. Lavorare insieme ai governi, ai legislatori e ad altri portatori di interesse al fine di promuovere un'azione diffusa all'intero della società riguardo le tematiche ESG. 4. Dimostrare attendibilità e trasparenza nel rendere regolarmente pubblici i progressi fatti nell'attuazione dei Principi.
Responsabilità sociale d'impresa	La Responsabilità Sociale d'Impresa – anche conosciuta con l'acronimo inglese CSR,

	Corporate Social Responsibility – esprime l'impegno di un'organizzazione a considerare gli impatti ambientali e sociali derivanti dalla propria attività, nella conduzione del proprio business. Sulla base del concetto di governance allargata, chi governa l'impresa ha responsabilità che vanno dall'osservanza dei doveri fiduciari nei riguardi della proprietà, ad analoghi doveri fiduciari nei riguardi di tutti gli stakeholder.
Shareholder Rights Directive II	Nel giugno 2019 è entrata in vigore la Shareholder Directive con lo scopo di migliorare la governance delle società quotate e di rafforzarne la competitività e la sostenibilità a lungo termine.
Shared Value	Alla lettera: Valore condiviso. Il nuovo paradigma economico per le imprese a medio e lungo termine che consente loro di essere competitive solo se sono in grado di produrre benefici per tutti gli stakeholder (le comunità nelle quali operano) e non solo per gli azionisti.
Social Bond	I social bond sono qualsiasi tipo di strumento obbligazionario i cui proventi vengono impiegati

	esclusivamente per finanziare o rifinanziare, in tutto o in parte, nuovi e/o preesistenti progetti sociali. Alcuni esempi di categorie di progetti: le infrastrutture di base (ad es. strutture per la fornitura di acqua potabile), l'accesso ai servizi essenziali (ad es. il servizio sanitario), le abitazioni economiche accessibili, la creazione di posti di lavoro anche tramite finanziamenti e micro finanziamenti alle PMI, la sicurezza e l'igiene alimentare, il progresso e rafforzamento socio-economico.
Sustainable Bonds	Sono titoli di debito le cui somme raccolte sono utilizzare per finanziare o rifinanziare, in tutto o in parte, una combinazione di progetti verdi e progetti ad impatto sociale.
Sustainability Linked Loans	Si tratta di prestiti bancari utilizzati per incentivare l'impegno dei mutuatari a favore della sostenibilità in tema ambientale e sociale.
Strategie SRI-Best in class	Approccio che seleziona o pesa gli emittenti in portafoglio secondo criteri ambientali, sociali e di governance, privilegiando gli emittenti migliori all'interno di un

	universo, una categoria o una classe di attivo.
Strategie SRI-Convenzioni internazionali o Norm Based	Selezione degli investimenti basata sul rispetto di norme e standard internazionali. Gli standard più utilizzati sono quelli definiti in sede OCSE, ONU o dalle Agenzie ONU (tra cui ILO, UNEP, UNICEF, UNHCR): ad esempio, il Global Compact, le Linee Guida dell'OCSE sulle multinazionali, le Convenzioni dell'Organizzazione Internazionale del Lavoro.
Strategie SRI-Engagement	Attività che si sostanzia nel dialogo con l'impresa su questioni di sostenibilità e nell'esercizio dei diritti di voto connessi alla partecipazione al capitale azionario (hard engagement). Si tratta di un processo di lungo periodo, finalizzato ad influenzare positivamente i comportamenti dell'impresa e ad aumentare il grado di trasparenza.
Strategie SRI-Esclusioni	Approccio che prevede l'esclusione esplicita di singoli emittenti o settori o Paesi dall'universo investibile, sulla base di determinati principi e valori. Tra i criteri più utilizzati: le armi, la pornografia, il tabacco, i test su animali.

Strategie SRI-Investimenti tematici	Approccio che seleziona gli emittenti in portafoglio secondo criteri ambientali, sociali e di governance, focalizzandosi su uno o più temi. Alcuni esempi: i cambiamenti climatici, l'efficienza energetica, la salute.
Strategie SRI-Impact Investing	Investimenti in imprese, organizzazioni o fondi con l'intenzione di realizzare un impatto ambientale e/o sociale positivo, assieme ad un ritorno finanziario. Può essere realizzato sia in Paesi emergenti sia sviluppati. Alcuni esempi: investimenti in microfinanza, social housing, energie rinnovabili.
Strategie SRI-Integrazione ESG	Secondo la definizione ufficiale elaborata dal Forum per la Finanza Sostenibile, per "integrazione" s'intende l'approccio che prevede l'inclusione esplicita di fattori ambientali, sociali e di governance nell'analisi finanziaria tradizionale. Il processo di integrazione è focalizzato sull'impatto potenziale (negativo o positivo) delle questioni ESG sui risultati economico-finanziari dell'impresa – e quindi sugli effetti in termini di rischio-

	rendimento dell'investimento. Secondo il Forum per la Finanza Sostenibile, l'integrazione è una forma evoluta delle strategie che implicano una selezione positiva e negativa (esclusioni, convenzioni internazionali, selezione best in class e investimenti tematici), ovvero non rappresenta in sé una strategia di investimento, ma una peculiarità dell'analisi fondamentale.
Sviluppo sostenibile	Lo sviluppo sostenibile è lo sviluppo che soddisfa i fabbisogni del presente senza compromettere la base ecologica e di risorse per le future generazioni. Fonte: World Resources Institute, 1996 Ancor prima nel rapporto Brundtland del 1987 "Our Common Future" si definisce sviluppo sostenibile quello che consente di soddisfare i bisogni della generazione presente senza compromettere la possibilità per le generazioni future di soddisfare i propri.
Terzo settore	Il termine terzo settore indica l'insieme di aggregazioni collettive che si collocano su una terza via rispetto allo Stato e al mercato for profit. Si tratta di una realtà caratterizzata da un'estrema varierà di forme

	giuridiche e di ambiti di intervento (ambiente, assistenza sociale, cooperazione e solidarietà internazionale, cultura, filantropia e promozione del volontariato, istruzione e ricerca, sanità, sport, relazioni sindacali, sviluppo economico e coesione sociale, tutela dei diritti). I soggetti riconducibili al Terzo settore sono associazioni, cooperative sociali, fondazioni, imprese sociali, ONLUS, organizzazioni di volontariato, organizzazioni non governative (ONG). Fonte: Glossario dell'Agenzia per il Terzo settore
Transition Risk o rischi da transizione	Rischi che discendono da mutamenti normativi sul clima, da cambiamenti di tecnologie, di regolamenti per attenuare i cambiamenti climatici in grado di causare il repricing di assets, danni reputazionali o situazioni di stress finanziario.
Trasparenza	In generale, il termine trasparenza o disclosure indica una politica di corretta e completa comunicazione a favore di tutti gli stakeholder. Nella previdenza complementare, l'Articolo 6, comma 14 del Decreto 252/2005 – noto come "Riforma Maroni" – ha

	introdotto l'obbligo a carico della previdenza complementare di chiarire «nel rendiconto annuale e, sinteticamente, nelle comunicazioni periodiche agli iscritti, se ed in quale misura nella gestione delle risorse e nelle linee seguite nell'esercizio dei diritti derivanti dalla titolarità dei valori in portafoglio, siano stati presi in considerazione aspetti sociali, etici ed ambientali».

Bibliografia

- Yuval Noah Harari 21 lezioni per il XXI secolo
- Yuval Noah Harari Sapiens da animali a dei
- Stefano Quintarelli Capitalismo immateriale
- Giorgio Ruffolo Il capitalismo ha i secoli contati
- Jeremy Rifkin Un green new deal globale
- Edmondo Berselli L'economia giusta
- Davide Dal Maso Investire nella sostenibilità
- Giorgio Ruffolo Lo specchio del diavolo
- Enrico Giovannini L'utopia sostenibile
- Naomi Klein Il mondo in fiamme
- Fabrizio Barca Un futuro più giusto
- Kate Raworth L'economia della ciambella
- Stefano Epifani Sostenibilità digitale
- Angelo Miglietta Etica e finanza

Indice

Printed in Great Britain
by Amazon

33400555R00106